AF603974

NOCTURNOS DEL BOSQUE

ExLibric

LAURA MARÍA GIL OCHOA

NOCTURNOS DEL BOSQUE

EXLIBRIC
ANTEQUERA 2023

NOCTURNOS DEL BOSQUE
© Laura María Gil Ochoa
Diseño de portada: Dpto. de Diseño Gráfico Exlibric

Iª edición

Editado por: ExLibric
c/ Cueva de Viera, 2, Local 3
Centro Negocios CADI
29200 Antequera (Málaga)
Teléfono: 952 70 60 04
Fax: 952 84 55 03
Correo electrónico: exlibric@exlibric.com
Internet: www.exlibric.com

ISBN: 978-84-10076-28-0
Depósito Legal: MA 1607-2023

Nota de la editorial: ExLibric pertenece a Innovación y Cualificación S. L.

LAURA MARÍA GIL OCHOA

NOCTURNOS DEL BOSQUE

A mi esposo,
Augusto Gallego,
el amor de mi vida

Prólogo

Ya tú no tienes rostro. Ya no eres.
Estás en mí como en la piedra el eco.

Meira del Mar

Cuatro partes componen el conjunto de poemas de Laura María Gil Ochoa: Inmersiones, Pulsaciones, Parpadeos y Sensaciones. Conceptos que llevan al lector por imágenes poéticas y paraísos interiores que subyugan la voz femenina del poema, habitada por el amor. Un amor que obsesiona de manera fantasmal, posee y domina.

Su sentimiento se proyecta hacia el amado como un ser ausente, que extraña, anhela y desea. El cuerpo se pierde en la noche, se sumerge y palpa lo que el éxtasis le comunica. El mundo real desaparece, sólo el amado es perceptible.

Los amantes se reconocen en el encuentro y la cercanía por medio del beso, el abrazo, los abismos y oquedades de la entrega. El lenguaje de los amantes se funde en la sonrisa, el color canela, la piel, la mirada, las voces, los sabores y los olores.

Las metáforas entrañan un lenguaje de juegos eróticos secretos: «el mar en mis labios», «las perlas de mi pecho», «burbuja de sueños», «gemidos de mármol», «relicario de anhelos», «mis manos pájaros de octubre», etc.

La poesía es el canto que no conoce fronteras entre el espíritu y el cuerpo, de ahí que encuentro entre sus temas, como eje central, el amor, pero también la soledad, el olvido, el camino al encuentro y las heridas en la mirada.

El lugar por excelencia de su poesía es el cuerpo prisionero de la emoción, con un corazón y una mente avasallados. El amor es aventura y renuncia, extrañeza y cautiverio, morada y muerte, cobijo y dolor desnudo.

La forma de mirar de la poeta se identifica con imágenes cautivas en presencias ausentes y cantos prohibidos hasta que, sin saber cómo, «todo se hace viento».

Gloria Eugenia Hincapié Zabala
Medellín, 14 de julio de 2023

Agradecimientos

Al Dios que hay en mí, que me impulsa a amar y expandir el amor en los demás.

A mi madre Débora Ochoa, por su ejemplo, tesón y trabajo incansable, matrona de mi vida.

A mi esposo, Augusto Gallego, por su apoyo incondicional en todos los momentos de mi vida.

A mi hijo Juan José Gallego Gil, por su generosidad y escucha con el apoyo constante.

A mi hija Oriana María Gallego Gil, por acompañarme y estar siempre con su entrega diaria.

Índice

INMERSIONES

Extrañanza etérea

Te echo de menos, sí,
aun cuando estás presente
en la distancia del amanecer nuestro,
entre el laberinto de tu dispersa escucha,
con la cadencia de tu voz ausente
para la promesa de tu piel sobre la mía.

Te echo de menos, sí,
en los dedos de tus oleosos abrazos,
entre la luz de tu mirada de agua,
en el sabor a yerbabuena de tus besos,
con el piélago de tu espalda de mar
para la comunión de tu esquiva entrega.

Te echo de menos, sí,
en el clímax que descorre el grito,
en el ritmo del silencio andante,
con el corazón de la nuez y la cebada,
y el paraguas de chocolate bajo la lluvia
para el gesto de nube en mi entrecejo.

Te echo de menos, sí,
entre el pliegue de tu amado gesto,
con el sabor de mi húmedo abismo
en el precipicio que entrega tu cuerpo,
con la complicidad de nuestro secreto
para la espera del encuentro que nos une.

Te echo de menos, sí,
entre las noches en las que fuimos uno
para la bendición de lo que somos hoy,
con la alborada que abrió la magia
de este ausente vuelo que nos habita
junto al recuerdo de ser un sueño.

Mañana a pueblo

Nuestros cuerpos saben de ausencia,
de la imagen que evoca el recuerdo
en los días de mar con un pueblo en sabor
y las miradas que entonaron silencios.

Un cobijo de luz ronda en mis dedos,
entre el airecillo de una vida en calor
de un lugar con soles en senderos de paz
que sabe a esperanza en un pacto perpetuo.

Es el alma de la tierra que sabe a tus labios
con un cielo que viaja en mi cuerpo
que siente la vida en los parques de otoño,
gradillas y fuentes con árboles de piel.

Entre una floresta que verde sonríe
está la estación que sentada me espera,
con el beso que embriagado me bebe
y la banquita que reposada me abraza.

Son lugares que nos esperan aún,
que besaron los pies y nos hablan al oído
en las noches que escuchan el anhelo
de un encuentro que sabe a comarca.

Con la sonrisa de unos pelos de gato
que calienta la vida en una casa de miel,
todo se queda en un péndulo beso,
una memoria que siente que todo fue cierto.

Entre alas

Vuelo hacia ti en los dedos de una caricia,
mis labios entregan la promesa cumplida
con los besos que saborean la vida
en el discurrir de tu piel amando mis rosas.
Tu respiro es melodía al afán de mis pasos
con las manos que recorren mi cuerpo;
tus ojos de lluvia sitiando los míos
y con tu lirio en la raíz de mi abismo.
Es la mirada de tu arrojo amando el mío
con la táctil sonrisa que acaricia mis manos,
entre melodías a la sed de tu piel
es eterna la paz que entregan mis olas.

ASES Y BESOS

Desde el cabello en la almohada
hasta el son de las manos,
danzando en el compás de los pasos
y la brisa de los abrazos.

Desde una mirada de ausencia
hasta el trueno de los ojos,
saltando entre el horizonte de los labios
y el vacío de los besos.

Desde el espíritu de la gracia
hasta la saliva de la caricia,
cruzando el ombligo de la armonía
y la orquesta de los silogismos.

Desde el cantar de los sueños
hasta la realidad de la desesperanza,
pasando por el sabor de un continente
y la baraja de los ases.

Desde el contenido de la entrega
hasta el silencio de una sonrisa,
desfilando por la cadencia del vértice
y el laberinto del cuerpo.

Se encuentra el vergel de un instante
en la mandrágora de un abismo,
con la bucólica paz que entrega la caricia
en un paraíso de un encuentro de amor.

ARCORIZADA AUSENCIA

La vida colorea los besos de paz
que descansan en los labios,
un sabor a sonrisa con un silbido infinito
que tararea la esperanza de la vida.

Llega un anhelo que disipa la ausencia
en esta noche con olor a nostalgia,
con una mirada que acaricia el día
con la plenitud que escribe cada gota de ti.

Como un panal que ofrece su dulzor,
resplandece la fe en unos ojos de miel
que enhebran palabras en esferos
con un sueño que une tu costado al mío.

Recuerdos acurracados

Ahora que estoy despierta
con tus manos de eclipse
y el firmamento de tu albor,
me levanto acurrucada a tu lado
y descanso en el encuentro de tu ser.

Miro la caricia en tus ojos,
esa exquisitez que da fuerza a los míos,
un aroma de flamencos en oropel
que retrae la nostalgia en tu abrazo
para conjugar recuerdos a la ausencia.

Nos miramos en el cortejo de la almohada
para entender lo que piensa la piel
y saborear en una copa el elixir de la vida,
ese que entregan los ríos del cuerpo
entre los ramajes de un arbolado misterio.

GUIÑANDO SONRISAS

Tu sonrisa es cobijo a mi cuerpo
al desvelo del sabor en mis ojos de ausencia,
entre el beso que abraza tus dedos de agua
existe un parpadeo que es huella a tu voz.

Tu sonrisa besa mis sirenas palabras,
cada gota de luz es tregua al encuentro,
entre las alas que rompen las olas a ráfaga abierta
y nos lleva a la gloria entre un risco de aguas.

Tu sonrisa desnuda mi otoño en su tarde,
en la tinta amante que palpita en tus manos,
entre las astillas del sol con un beso a ciegas
y en las horas en que invoco tu nombre.

Sabores ventura

Tus labios saben a brisa en mis cabellos,
esa caricia que se enlaza a los míos,
con la alegría en el sabor de tu mirada
para el remanso de tu sonrisa querendona.

Tu boca sabe de júbilo en la ventura
de esos cuentos de hombre necio que sonríe,
en la travesía que fecunda la esperanza
y que guarda la cena con velas de ocasión.

Tus ojos saben de picardía al antojo
esas historias entre la almohada de la fe,
que sueña con el beso al asirse
en la esquina de los juegos en la piel.

Tus manos saben a coqueteo de canela,
esos roces en las cosquillas de la espera
que avivan jolgorios de cascabel
en los pasos en que tu olor es el regreso.

Tu espera sabe a mil sabores de ilusión,
esos postres de chocolate con café
que velan en la saliva del presagio
para los besos en una escapada prohibida.

PÁLPITOS NOCTURNOS

¿En cuál vacío no descansa tu salmuera?
¿En qué instante tu caricia no parpadea mis sabores?
Dime, ¿en qué camino no se hojarasca tu mirada?

¿Cómo no sentirme disuelta en tus raíces,
si a cada paso que doy germinan tus recuerdos
en el verde palpitar del sentimiento que navega?

Un extrañarte que deshoja mis sentidos
con la osadía y las entrañas de la noche,
en las que beso a sorbo los días que se fueron.

Palpitan los recuerdos caramelo,
las tardes de café con los frutos de un bosque
que se quedan en la cuenta de un regreso.

Palabras de piel

En la barahúnda de mi boca tus furtivos besos
se vuelven un cítrico canto prohibido,
canto de caricias entre sueños al tacto de la noche
a escondidas en el pergamino de la piel.

Un sabor a fruta de ardentía al cortejo
nos hace dueños de la insistencia misteriosa,
como iluminación al propósito de asirnos:
dos cuerpos que beben al norte de los pies.

Sin más afán que ser arpa al contacto de admitir
la ajena posesión que nos asiste en el amor,
vamos al asecho que reclama el gozarnos
felices de ahogar la rutinaria plusvalía.

Nos sentimos al dinámico roce de un «¡te extraño!»
para endosar los sentidos al contacto de mirarnos
y saborear la vida en el designio de escribirla
para ser ajenos desde el día en que nos dimos.

Presagio urgente

Del calor de tus labios sale una alondra
que recorre las aguas de mi pubis,
se adentra en la piel de las pupilas
y asciende a la voz del pensamiento.

Gritas al mundo sediento que no escucha
el sonido que palpita entre tus manos
y entregas el beso que promete un paraíso,
con la cerilla que prende la cima del encuentro.

Desfila entre los hilos de mis sueños
el deseo que navega en las entrañas
al pensarte en ese encuentro tan negado
que llovió entre tus labios y los míos.

Te inmortalizas en el recuerdo de mi boca,
en esa efímera brisa del respiro
con el sabor que arroja tu saliva
en el almendro que cierra tu mirada.

DANZA DE ORLAS

Hombre de piel luminosa,
el aire sonríe cuando pisas la tierra,
un vaivén de orlas, trigo y espiga
saborean tu olor a canela y remanso.

Se cuece en tu ombligo un sueño de agua
para el delirio en la embriaguez de la vida,
tu espalda es una muralla de ensueño
con la aceituna que besa la copa en su vino.

Tu mirada de nuez y tus manos origami
son castañuelas que cantan una danza de algas,
tu cuerpo se hace sésamo en el mío
con la caricia que no conoce de ausencia.

Un campanario y una grulla de suerte
tararean el amor a la luna en clave de Sol
y resplandece la tarde en las entrañas del beso
entre un refugio de abrazos en la puesta del sol.

SABORAMAR

Saboreo en gotas el recuerdo de mi pálpito,
esas albricias en los rincones de tus labios
que, en pulsos de dolor a sangre llena,
descosen mi pelvis en empujones de océano.

Agua y espada de inquietos suspiros
muerden el sudor en un río de acoples,
con rocíos en la danza en su vuelo
al húmedo parpadeo de mi fuerza.

Golpes líquidos que coronan mi osamenta
entre un navío que exhorta mi paraíso,
sobre la mar que espesa las olas en las nubes
y ata a sus manos la plenitud de la sonrisa.

Abrazo al mundo en gesto de naufragio,
reivindico el renacer de las mareas
que impulsa mis ensueños en la arena
para saborear la vida entre tus manos.

Alamar nostálgico

Se eleva la arista del agua en tus manos
y las colinas del mar en mis labios,
somos meridiano entre el sol y su brújula
y cuerpo del aire para un ave y sus alas.

Somos esperanza en un mismo camino
para la llegada que promete la espera;
renacemos en la raíz del mismo paisaje
para el viñedo que recogen las manos.

Tejemos las espigas del cielo en los ojos
con el fuego navegando en la almohada;
nuestros cuerpos de cara a la noche
se hacen sabor en un vino sagrado.

De tu boca

¡Ámame con las caricias de tus besos!
y entrégame de tus labios sus sabores,
para degustar en la copa de mi cerviz
la redondez entre las perlas de mi pecho.

Bálsamo disperso es mi hambre
por ese «¡te amo!», que desclavo de tu boca;
despréndeme de las esposas de mi hábito
y disfrútame en las laderas de tu dorso.

¡Rey de mis fragancias, hidalgo de mis ojos!,
entrégate a la frescura de mis viñas,
que el bosque nos guarde en sus ramajes
para ser oxígeno eterno de la vida.

Ensueño agridulce

En el vacío de la presencia que me asiste,
se eternizan las pulsaciones del arrojo,
me miras con un agridulce sabor a olvido
y siento ahogarme en un puñado de besos.

Estás en la remembranza de mi piel
con un amor que en las pupilas me quema;
soy vínculo que evoca tu tacto añejado
y voz violeta entre el silencio escabroso.

En la volátil quimera de tus párpados
soy un cuerpo para la muerte lucífera
y vida para el reflejo en un cristal escarlata;
soy todo en una burbuja de sueños.

Estoy a la diestra de la sombra del olvido
y a la izquierda de una bienvenida de espejo,
soy cántaro de abrazos guardados a la vigilia
y soy nada en una realidad encubierta.

Sed de dos

En la renovación del instante en que te amo,
en esta urgente oxigenación de mis afanes,
se quema mi abismo donde arde tu daga
en el momento en que somos navíos de sueños.

Te encuentro sediento en la luz de mis ojos
con esa refulgencia que me llena de anhelos,
para beber tus vacíos y secar tus soledades
unjo tus pisadas con el sabor de mis besos.

En la circulante envoltura que desviste tu alma
te busco en el cristal que inventa tu espejo,
y sedienta de ti, tú de mí y los dos de los dos,
nos vivimos en un hoy sin mañana y eterno.

Descubrimiento sensible

Para tenerte no hace falta saborear tus cabellos,
ni un minuto de mar en tus lenguadas pupilas;
tampoco expandir amor en acústicas lluvias,
ni liberar silencios en gemidos de mármol.

No hay método que pueda descifrar
el amperaje del vacío a la cascada de mis pies,
no existe brújula que escolte el sur de tu voz,
ni aguja que desvíe el sensor de mis labios.

Para saborearte sólo tengo mi piel
con la emisión en el coral de mis huesos,
un idílico oeste hacia la fusión de tu punto,
arandela sensible a la tracción de mi boca.

Tengo un amazónico valle tejido en tu río
en la buhardilla al cruce de mi intersección,
al interior de un vuelo esposada hacia ti
en la inmaculada bahía en hojas de agua.

Para descifrarte sólo tengo mi amor
y uno que otro cabello ensartado a tus sueños,
un tangible secreto al costado raíz
debajo del grito hacia tu esférica hierba.

Ascensión áurea

Te quiero con tus múltiples cuestiones,
más allá de los horizontes inefables
entre los matices de la aurora,
en los ramajes de las flores y los árboles
y en el éxtasis que entrega tu equipaje.

Te quiero en el vacío de la espera,
más allá del regocijo que otorga la renuncia
entre la noches con la angustia alunarada,
en el deseo y el sabor de no tenerte
y en la devoción de lo quimérico.

Te quiero en el fruto que se espiga
uniendo la mar de nuestros ojos
a una senda infinita de defectos,
en la inclemencia de los tiempos
que se lleva esta vida entre los dedos.

Te quiero con la fuerza del espíritu
mientras transcurren los segundos
y las horas en que alejado yo te siento
distante en la osadía de quedarte,
ausente en la cercanía de vivirnos.

Transparencias olor

El sabor de tu sol se revela en mi cuerpo,
estás en las recónditas venas de mis ojos
con la savia que recuerda a las ancestras
y el abrazo de luz que entrega tu alegría.

El pálpito de tu ser se clarea en mi respiro,
me llega con la suavidad del fuego en tu río,
esa magia cristalina que roza en mi oasis
con el abrazo de los nocturnos del bosque.

El olor de tu ensueño palpita en mi espíritu,
lo encuentro en la fortaleza de tus manos
con las lunas de mi pecho al tacto de la tierra,
una delicia en el corazón de tu océano.

El sentir de tu pulcritud habita en mi recuerdo,
lo percibo en la mirada lejana de tu piel,
con el dúctil gesto al destello de tus pupilas
en la puerta que abre la esperanza de tu beso.

La melodía del sosiego transita en la ausencia,
vives en el sueño de la luz en tu cobijo,
un irrepetible éxtasis al calor de tu deleite
hacia el rincón de una dolorosa cercanía.

Afabilidad

Ocuparía mi vida mirándome en ti,
sumergida en el mar de tu dulzura,
en esa candidez de tu mirada
que acaricia la mía con sus besos.

Pregunto, ¿cómo fue posible vernos,
encontrarnos en la multitud del mundo?
¿Cómo pudimos conjugar tu vida y la mía
y sentir el fuego de esta fábula?

Puedo renacer en cada pensamiento,
sentirte en la mínima partícula del aire,
en esos fragmentos del respiro
cuando llegas taciturno a mi alborada.

Te beso en cada molécula del viento,
en las oleadas del sosiego que nos une,
que nos congrega en la luz de un latido
para saborear el pulso en nuestros labios.

BURBUJEOS

Cristalinas son tus pupilas de obrero,
atraviesan las caracolas de mis antojos
entre un relámpago con olor a cordillera,
que disuelve el secreto de tu árbol.

La escalera que hilvana mi cuerpo
entre la línea del destino con un mapa en sabor
cierra las heridas donde cabalgan hinojos,
con un inquieto sentir envuelta en espumas.

Entre el albor de los pasos de una luciérnaga
vuela el corsé a lomo de mis costillas
entre las brasas de unas alas rotas,
los ojos son un túnel cuando los pies cantan.

En una torre de sueños los versos son río
y se abre una puerta en la cúspide de la tierra,
llega el alivio a la raíz de unos ojos que llueven
para entregar armonía en la luz de la piel.

Sabor chocolate

Me llega esta vida en frescos sorbos
con esa caricia que bendice la alegría,
para la sonrisa que palpita en cántaros de barro
bajo el desvelo que llama la presencia.

Un privilegio es sentir la tibieza de unas manos
en el recuerdo que persiste en la mirada,
ese aleteo que sabe de los besos
que entrega la fuerza de sus ojos en los míos.

Es mi pausa prohibida, el ansiado parpadeo,
el amor sin cadenas que libera mi osadía;
es la causa que lucha lo imposible
y que sabe a cordura en medio del desierto.

Es lo que soy sin meditarlo, porque nace,
porque sueña, porque arriesga sus luchas
y canta al son de mis púrpuras mejillas
para la dichosa deuda que endosa la ventura.

SABOR A CAFÉ

Se descubre la caricia con sabor a frutos rojos,
aromático sentir en el olor de sus antojos,
un aroma que endulza las alforjas de mi tierra
que tensa esta vida en la calma de sus besos.

Nace en él un color almendrado al contacto
que acompasa el ritmo cómplice adictivo
y deshoja mis cabellos en el suspiro de su cuerpo,
luz inquieta que se enlazada en sus brazos.

Han de volver los amados claroscuros
que hablan de su piel y de la mía en albedrío,
los aromas que engalanan las papilas
al yermo contacto de la ausencia.

Sin más testigos que tus lágrimas exquisitas,
sin más prisa que el tiempo en su compás,
sin más abrigo que su respiro sobre el mío,
sin más entrega que su amor entre los labios.

SABOR HOJALDRA

Abrásame en las táctiles hojas de tus ojos,
que cubran mi piel con el sabor de tu lengua,
siente cada rocío de mis inefables aguas,
deja que se viertan mis ríos en tus besos.

Bésame con tus dedos en el amasijo de mi espalda,
saborea los pliegues de mis rincones cantarines
que se deshojan en tu boca al roce de tu ventura,
palpa mis curvas que se ahogan en el fuego de tu roca.

Hojáldrame despacio en el fuerte de tu izquierda
y cata nuestra miel en la copa de mi cerviz,
búscate en el pentagrama de mi cadera
para corear el grito que glorioso nos conjuga.

VENTURA

Extrañeza es verte ausente
al abrir tus pasos sobre el viento,
mirarte de espaldas al paisaje
para fundir tus ojos en los míos.

Evocar un beso en los labios
recreando el sabor de tu cosecha
al deseo de acogerme en tus brazos,
estancia de una diosa en cautiverio.

SABOR DE TI

En tu todo, descansa mi ser
con la caricia de tu mirada,
en la amargura de la ausencia
con la fuerza de tus ojos,
entre el aroma de los olvidos…
en ti duerme la nostalgia.

Todo me huele a ti…
ese último abrazo nuestro
con ese beso de despedida,
sin olvidar la mirada de esperanza,
con la caricia de armonía
y la patadita de la buena suerte.

Todo me recuerda a ti…
la luna que me acompaña,
el tarrito vacío de chocolate
con el azúcar de tus palabras,
la cajita con los «¡te amo!»
y el libro con nuestras caricias.

Todo descansa en ti…
las pantuflas que guardan mis pies,
la bufanda que calienta el corazón,
el libro azul de la última vez,
con los boletos de estación
que viajaron a tu morada.

Todo me sabe a ti…
el café tibio con los frutos secos,
el queso en mi paladar
con las flores de azahar,
el vino tinto sabor a nuez
y la cerveza de San Miguel.

Amarnecer

Te necesito beso de luz
con sabor a las almendras,
en el abrazo sensitivo
de tu antorcha erguida.

Te pienso refugio de fuego,
calorcito de un cielo
en la lengua del agua
de tu morada de espejo.

Te deseo tierra de polvo,
raíz de semillas al viento
en el algodón de seda
de tu estancia con sol.

Te siento carne en mi piel,
entraña entre el ombligo
en el refugio que escribe
el cobijo de tu cuerpo.

Te quiero grácil presencia,
olor a tórrida noche
en la luz del lienzo estrellado
en el camino de tus ojos.

Te amo nombre de mi vida,
tacto a mi océano,
en la mañana párvula
de tu alma universo.

SOLEDADES

Marinero de fuego
que arde en la sangre del beso
y acaricia el loable dolor
que desnuda ante ti mi boca.

Timonel de agua
que fluye en mi piel de horizonte
para sentir la humedad
que descubre ante ti mis manos.

Azadilla de tierra
que germina en mi estepa el fruto
y saborea la raíz
que florece ante ti mi piel.

Veleta del aire
que entrega en mi oxígeno el aura
y respira en las miradas,
despliega ante ti mis ojos.

Molino de éter
que camina en los laberintos del ser
y tatúan el sentir en las entrañas,
lleva ante ti mis aromas.

Desambiguación

Entre el camino y el sudor fui oliendo tu piel,
surgió un aroma exquisito a canto de caramelo,
impregnado en las esporas de mi lengua,
sedientas de fuego caldearon las especias.

Floreció el sabor que nacía en tu boca,
de paseo por un árbol, vi moverse sus hojas,
un melódico vaivén cual guitarra de un ángel
que andaba sobre higos en frutos de sequía.

Entre las gotas sobre el coro de tu cuerpo
nadaron caricias con hambre de recuerdo;
de albores por mis pasos nació un día la alegría,
rondaba dispersa en fiestas de semilla.

Gritaron los besos al tacto de tus ojos,
entre melodías a granel fui una estación en tu vida
al manzano prohibido que sin prisa nos sedujo
y ceñidos entre hojas sus frutos nos bebimos.

Pretérito perfecto

Hubo un sol que conversaba contigo
de cara a un crepúsculo lleno de palabras precisas,
nació en un instante entre parto de besos
como si fuera un día la vida al sabor de la piel.

Hubo un otoño que parpadeaba conmigo
del mismo modo que comienzan los meses,
contar a destajo los días que despachan exilios,
siendo necesario volar para convertirse en oruga.

Fuimos pájaros ladrando al recuerdo
para nacer en las alas que de albedrío nos hablan,
sentir peces respirando en un coito fugaz
y revivir en las aguas que de oxígeno saben.

Pausas de alpiste

Si hoy fuera del frío la noche,
no tendría palabras para calentar el vacío,
se fue remojando en un paño de pan
a la espera de sentir una tibieza.

Anduvimos de la mano del tiempo
frente al malecón de aquel beso,
entre la sonrisa que tenía sabor a deseo
nos deshojamos en sábanas magras.

Hoy todo queda en la orla de un canto
que sabe lo nuestro a pesar de esta pausa,
que extraña los besos, pero más las palabras
y no olvida que somos del pasado su tótem.

Abriendo cerrojos

De tu luz sale una pregunta
con sabor a confianza
que expresa en un laberinto de besos
por las cosas que saben tus ojos
y entregan el olor de tu piel.

No es fortuito el cerrojo
que abre la inquieta armonía
de saber lo que piensan mis manos,
ni es azar lo que dejas al tiempo
en la comunión que bendicen tus labios.

Se quedan en un vórtice al sueño
esas pupilas que saben de amor
en la fe que, de alguna manera,
sin saber repiten en secreto al viento
que somos una gota en una mordaza.

Inefable azul

Una sensación inefable son sus besos,
esa caricia fugitiva que desliza mi recuerdo,
deseo cada tramo de tu piel sabor canela
que me habla de tus gestos y emociones.

Es tu risa un canto de alborada,
al compás sobre mis ojos que invitan a quererte
en los instantes en que juntos nos hacemos
uno al otro en la entrega del contacto con la vida.

Es tu alma de hombre necio aventurero,
la promesa de esta deuda que acrecienta
el sueño de tu cuerpo terciopelo sobre agua,
al goteo de mis ojos al zumo de tu tiempo.

Es tu voz sobre la almohada rocío a mis labios,
preguntas que saben a versos de confianza,
un mandálico respiro apura la paz a mi osadía
y el propósito en el revuelo de la piel.

RECORRIDOS

Suave me muevo hacia ti,
en la saliva danzante que viaja al recuerdo,
pestañeo la sonrisa que jadea un suspiro
en la emisión anhelada de un beso.

Lenta va mi mirada hacia ti,
entrega la luz en mi fértil palabra,
acaricio la soledad que acompaña la vida
en el amanecer de las alas del fuego.

Fuerte me fusiono en ti,
en las costillas que desvisten mis manos,
siento la transparencia de tu voz en mi ombligo
que aflora en mis labios un pétalo.

Eterna me quedo en ti,
en el libro multiforme de un arcoíris
que en la ausencia une las semillas de luna
a una cosecha en las manos de hoy.

Profunda amanezco en ti,
en el corazón que renace en la entrega del ser,
aguas del éxtasis en el círculo del vértice
cual cadena felizona del ensueño.

Sonriente despierto en ti,

sabor a mi tacto en los ojos de hierba
que acaricia la piel en la espera de tu vida,
ombligo de la tierra que devela tu llama.

Descalza me baño de ti,
lunas de sol en las orillas de luz
que galopan sobre un espejo de olor,
alimento ilusión en un latir a dos mares.

ESCARCHAS

Escarcha del mar, vuelo del tiempo
en el vacío del sueño cual sílaba de amapola,
vienes y vas entre camelias marchitas
que aromatizan mi sangre y se llevan tus manos
a la plenitud de mi abismo.

¿Cómo no pronunciar tu silencio
ante el eco encallado en la sombra,
si eres llama nocturna al compás de la aurora?

¿Cómo no despertar en tus labios
ante la esperanza que nace entre ellos,
si eres aldaba de ausencia en la luz de mi ombligo?

¿Cómo no hurtar tu delirio
ante la cordura que asiste mi viaje,
si eres la cera en las alas del mito en la puesta del sol?

¿Cómo no esculpir tu mirada
ante la desnudez que baña mi grito,
si eres la chispa que tala el verso en mi boca?

¿Cómo no derretirme en tu pubis
ante el fruto que espiga mi cuerpo,
si eres semen invicto en el universo expansivo?

¿Cómo no sentir tu remanso
ante el ayuno que saborea mi piel,
si eres incienso bendito en el precipicio del alma?

Aquí me tienes, razón de mi hambre,
sed de mis entrañas en la puesta de sol,
esperanza que desvirga mi voz.

Devociones

Amo la raíz de este cuerpo en húmeda alegría,
es sombra que penetra la valentía del aire
en un amanecer de cristal que fertiliza nuestras aguas
y el recuerdo del abrazo de esas noches ondulantes.

Amo el puedo realizado por mis labios,
los encuentros que llenaron de lágrimas mi edén,
la arena abrazada a la mar en el vaivén de sus olas,
y el vino con sonrisas en el diván de una mirada.

Amo el tiempo en mi voz del rostro equivocado
los labios del antítesis silencio, monólogo en delirio,
esas lágrimas que el tacto besa con ojos eslabón,
y la caricia sabor en las verticales noches de humareda.

Amo el camino al malecón y el cabello de las palmeras,
el maní y la brisa salobre sobre el beso de mis pies,
el vuelo del colibrí, la libertad del danzante tilín, talán,
y la escalera del comienzo de este viaje.

Amo mis ojos entre dos cuerpos concurridos,
el sabor del pálpito que entrega la aurora entre delirios;
amo mis pies canela y mi alma sabor a chocolate,
mis uñas de queso con los toques de amor sobre tu espalda.

Amo el equipaje entre un sueño realidad,
el núcleo en el asiento de cerillas y la esperanza
con la luz de la vida en el placer del universo
y la despedida con los grillos en el ramaje de las horas.

NOCTÁMBULO

Esa mirada olímpica que desborda silencio
son las argollas que evocan y abrazan mis labios,
una caída que tiembla en el exterminio del viento
con los pálpitos de una amapola noctámbula.

Esa flor que rueda en el añil del ensueño
con el devenir de una guirnalda de sombras,
sobre las rocas que inmolan la limosna que pide
la carne del alma en la soledad de un poema.

Esa brisa que sangra en el levitar de mis luchas
en el taciturno perfume que escupen las horas,
que se hace reverencia a este ahogo de mármol
que fosiliza la soledad en mi abismo.

PULSACIONES

Sin pasaporte

El sol está inquieto,
te veo en sus cabellos;
me guiñas un ojo,
haciéndome sonreír.

Me acaricias los labios
con la pureza de tu aire;
me besas la espalda,
delicadeza de tus manos.

Me abrazas el torso,
delicia de tus costillas;
me hospedo en ti,
no necesito pasaporte.

Me alimento de ti
con el fuego de tus aguas;
amo las raíces de la tierra
que entrega tu cuerpo.

Piélago

Voy a ti,
sube la marea,
en la piel de mis cabellos
surfea la caricia,
en los dedos de tu sol
se alimenta mi cuerpo,
en tu querella ansiosa,
fuego que decanta
las gotas de este viaje.

Estás en mí,
para sentirte en nosotros,
de tus manos mi sed
para cultivar en mi cielo
tus geranios en capullo;
te levantas en la danza
de estar en mis entrañas.

Estamos los dos,
piragua emancipada
en las aguas de la sonrisa,
se enjuaga la lluvia,
la soledad desviste la noche
para llenar de algún modo
la laguna del beso.

AIRE Y LATIDO

Cabalga el alba cristalina en los dos,
a lomo de la vida, nos besa la ilusión,
cerca al pulso de la barca que arriba,
vuelan las aguas, saltan las olas.

Latido de alas que conducen a tierra,
surcas el fruto en férreo impulso,
silba el destino, todo se hace viento,
devoras el tiempo, armónico vaivén.

Peldaños al cielo

Beso uno a uno mis peldaños
sobre la arena de tu fragancia,
entre el aire de los sueños
que acarician nuestros cuerpos.

Acaricio poro a poro mis aguas
entre la sonrisa de las lágrimas
con el sabor de tus palabras
en el abrazo de nuestros ojos.

Abrazo sorbo a sorbo mis desvelos
sobre la espalda del descanso
con la dulzura de tu sangre
en el sueño de nuestro vértice.

Recibo beso a beso tus manos
con la plenitud de unos dedos
en la profundidad de mi fuego
para la sed de nuestras aguas.

Bermellón

Punto exacto, antorcha al centro,
viaja la bicicleta del tiempo,
surfea el pedal, aúllan las horas,
tinta de río, letras de pájaros.

Se hacen puente a mi boca
los pasos que festejan el aire,
que en la tierra buscan los besos
en el bermellón de una diana.

El color perfecto es negro sobre tul
que lleva la escalera de marzo,
para brillar en la esquina que dobla
y estás ahí en el pezón de mis aguas.

HONDONADA

Eres el águila
en la liberación de mis ojos,
la escalinata de nube
para el ritmo de mi cuerpo,
el paso del lecho
en el escaño de mis manos.

Eres el descenso de la lluvia
en el manto de mis pies,
y el ascenso del fuego
en el sentir de mi alma
para la llegada del viaje
en la frontera de mi piel.

Eres luz en la polaridad
de nuestro género,
en un ascenso de júbilo
con mis lunas menguante,
y la necesidad del imán
de mi polo a tierra.

Eres el salto del violín
en los dedos del ensueño,
la danza del viento
en el compás de mi cielo,
y la humedad de mis aguas
en la luz de mi vida.

ORGASMIDAD

Sedoso entre las aguas del apremio,
brilla el péndulo al son de mis caderas
que encumbra la dicha de un vuelo
y libera ferochitas militantes de tejidos.

Los hilos de las arpas se conjugan
y agitan las alas de mariposas de feria
en la rugosa superficie de aguaceros
hasta el precipicio de los volcanes.

Se unen las nubes en la arista de los ojos
y entregan el cobertizo de las aguas
que corren entre los canales de la dicha
para vivir en la orgasmidad de la alegría.

LABERINTO

En el laberinto de mi sangre
se descubre el precipicio de mis anhelos,
que revela la alegría de mis aguas
hacia el vuelo de tu piel.

En la libertad de mi ser
me sumerjo en tus volcanes de fuego,
que queman mi paraíso
en el habitáculo de nuestro diluvio.

Me diluyo en ese mágico éxtasis:
ser de carne y carne de mi alma,
sabrosa amargura de mi piel
en este relámpago eclíptico.

Se dilatan mis venas
más allá de tu boca,
fiel crepúsculo de mi vida
sobre la antorcha de tus redes.

Pesca prohibida a mi dispendio,
infierno exquisito a mi acceso,
desciendes hasta las últimas sequías
del prepucio virginal de mi casta soledad.

VIGILIA

El camino aclara las miradas
en este tenerte sin prisa entre mis labios,
desde la frente absoluta que me abraza
hasta el campo que virginal te devora.

No se acostumbra mi cuerpo a tu vigilia
ni resplandece la quietud en mis orillas,
la sucesión de mi sueño me consume
en la memoria de la playa en que te beso.

Caen mis ojos al suspiro de la ausencia,
evoco la unión de nuestros cuerpos,
asciendo a la arista de los tiempos
que entregan el recuerdo entre sus aguas.

TRANSMUTACIÓN

En la transparente caricia de un poema
viene el insomnio a develar mis sueños,
entre los recuerdos que respiran el sosiego
al mirar la puerta que espera su sonrisa.

No descansa mi cuerpo a la sed de sus abrazos
ni mi pelvis a la montaña de su vértice,
no reposa el horizonte en la mirada del recuerdo
ni mis aguas al invierno de su fuego.

Vivo en el aire al lienzo del último equipaje
de ese otoño que navegó en la madrugada,
una estación que entrega los cantos de la mar,
llega la semblanza de afanosas alboradas.

Regreso

Beso su camino a casa,
el regreso de su nombre
y la piedra del encuentro.

Abrazo el pulso del ensueño
en el nocturno de mi almohada
y la caricia amanecida.

Siento los pájaros que tejen en mi lengua
al tacto de la colmena de sus besos
y escucho la danza de sus ojos.

Amo la soledad de su agua musical,
la dulzura que trasparenta la llegada
que indulta el día en la sal de una ola.

Acaricio las horas en el latir de un bolero,
estar contigo en mi universo
para un volver, volver a sus caminos.

QUIETUD

Llegas, me observas y callas,
con la nostalgia que entrega el silencio,
y siento un vacío que besa mi alma,
con el roce de tu espíritu arcano.

Cada tramo de sus pupilas deslizas
sobre el fresco de mi lienzo imperfecto,
con el sublime madrigal de este tiempo
en que juntos estamos viviendo distantes.

Siento un sosiego en el pasar de las olas
que mece su mar en mis aguas serenas,
en la corriente que flamante te acerca
y como nunca besa mis lunas.

Qué dulce respiro me asientas despacio
en la florescencia de mi aura sedienta,
y en húmedo gozo florecen mis aguas
con el aceite divino de tu sombra de seda.

Un piadoso instante revela la magia
de un beso ungido con tu óleo sagrado,
que pinta el tejido del eterno momento
en que eres creador del amor en mi vida.

INTERVALOS

Centinela de mis besos,
¡ven, provócame!
Aviva la dulzura que antoja,
dame tus caricias de luna
y entrégame en las manos
la ilusión que enciende la noche.

No tardes, varón de las olas,
escúrrete entre las dedos del tiempo
y arrebata los minutos al agua
para que entre segundos de brisa
te quedes congelado en las horas.

Mi tierno manojo de anís,
esencia exquisita de ensueño,
no te quedes prendido en la espera,
que la fragancia de tu ser se evapora
en el olvido que quema el recuerdo.

LLEGADA

Llegas tan único e indescifrable
como esas brisas afectuosas
que refrescan los calores del verano,
que se apoderan del aire de los vientos
y siembran ilusiones en las manos.

Engrandeces mis humanas nimiedades,
las depuras con el vino de tu sagrario
y bebes de él la intuitiva creación
entre los rocíos fractales de invierno
como brisa en verano y fuego en otoño.

Te quedas con la emisión de tus aguas
volcánicas en derrame consagrado,
que nos elevan a la cima de los océanos
como aristas de luz en el canto del cielo
para fijar la mirada en mutua resonancia.

OASIS

Amor de mi eterna inspiración,
fluyes en mí como una oleada de viento,
te filtras en cada rincón de mis sentidos,
en cada molécula de mis células.

Por eso, en medio del desierto diluiré
mi soledad y te cubriré en un oasis de río
y tú estarás ahí navegando conmigo
en la caracola de un espejismo.

Vamos en esta piragua emancipada,
viajamos en el ensueño del viento y el agua,
unidos al vaivén de nuestros cuerpos
como un río y corriente en albedrío.

MAREAS

Tu oleaje sobre el océano de mi cuerpo
es la sacudida en la cima del espíritu,
en esa afanosa ilusión en que se adentra
y rompe los misterios del naufragio.

No se mecen las aguas en sus alas
sin la eterna melodía de sus olas,
no se rompen las arenas en sus playas
sin las pisadas que marcan el destino.

No descansan mis ojos, no descansan,
mueren lentamente en sobresalto,
al vivir la soledad entre mis sábanas
sin tus cabellos en mis dedos.

Es eterno el azul de los enigmas
que llevan esta vida a los abismos,
en vilo ante la ventana de la espera
al despertar en la puerta de la muerte.

HORAS FÉRTILES

Agrestes espinas de mis horas fértiles
que viajan sedientas por mis entresijos,
con silenciosas mareas entre las montañas,
adentrando con fuerza el fuelle del vientre.

Se erosiona el tiempo y se eleva el espacio
en los minutos en que besas incansable mis horas;
inmaculado tu espíritu, se cubre en mi sombra,
resplandecen las venas de tierras sedientas.

Se deshojan los cuerpos y las almas florecen,
cónyuges somos de un misterio de lumbre
entre aguas que bañan soledades sagradas,
cadáveres en vida que queman la muerte.

Ante el sortilegio de un infierno exquisito
que nos eleva a la fosa del cielo corpóreo
entre un vergel con lirios y rosas de amaranto
para entregarnos a un tiempo infinito.

AGUAS REFUGIO

En la inevitable sequía que me asiste
se disuelven mis días sin capricho,
en el precipicio de albricias que me trae
el color de ilusiones que me ofreces.

Sedosa en las oleadas de tu cuerpo,
me envuelvo en la blancura de los años,
en el refugio del óleo de tus ojos,
donde brilla el horizonte entre los míos.

Me concedes un camino sin penumbras,
una infinita realidad entre quimeras
en el perfil alienado de espejismos
que se abren en la cima de caricias.

Me embriago y en tu ignición despierto.
¡Ay, refracción de mi adentro ansioso,
cuánto quisiera morir en tu hoy eterno
sin la vida que me arrebata el tiempo!

Asciendo a la cumbre de tu espíritu
y descubro en mí tu soledad petrificada,
la arrojo al abismo de las eternidades
como fuego congelado entre mis aguas.

Elemental

Fuego que a mis riberas quemas
en noches de acoples hambrientos,
que revelan las esposas del tiempo
y los grilletes de los anhelos guardados.

Tierra de los secretos que nacen
en cercanías de los desiertos de otoño,
para desvestir las arenas del tiempo
y sentirte con la llegada que alivia.

Aire del respiro que mueve mi voz
en el halo que precipita humedades
con la brisa que despierta mis ansias
y el oxígeno que conceden los besos.

Agua de mis cavidades sedientas
donde circulan los ríos del cuerpo
en la completud de pieles erectas
para bebernos entre mareas su néctar.

QUERENCIA

Quisiera ser manantial para esquivar la sed,
estar en el espejo de sus ojos y ver cuando me mira,
ser el guiño de sus labios al reír con mis enojos,
existir dentro del contorno de sus huesos.

Recorrerlo para ser la fuerza que le impulsa,
estar en su mente y conocer sus sueños inconfesos,
ser su corazón para sincronizarlo a mis latidos
y amarle en un solo tiempo, eternos en la gloria.

Ser la devoción unidos en un cuerpo
y las aguas que se adentran en el misterio,
ser o estar en la infinitud de nuestros ojos,
vivir en sus labios cuando los vientos le besan.

SONORIDAD

En la voz que vibra hacia el infinito
se crea un escrito con tono acariciante,
es el verbo que emana en manantial de fuego,
crisálida en capullo a la vida que germina.

Es un río a la tierra cuando canta el rocío
y germina la palabra en la sonoridad del aire,
donde brilla el verso en un reflejo de agua
que se hace poesía en la piel del mundo.

LISONJAS

Mis caricias claman por tu sonrisa,
por los besos clavados en mis ojos,
esas miradas de luz entre las colinas
con las palabras en tu saliva,
y los amaneceres de piel en mi ombligo
con el canto de tus dedos en mi vértice.

Mis aguas claman por tu fuego
por los latidos de la tarde en mi tierra,
esos tactos de viento entre mis ríos
con la torre de fuego en mi sed,
y los «te quiero» en el precipicio de mi vacío
con el aceite de miel en mi océano.

Mi abismo necesita de tu espada
los filones de sangre al descubierto,
ese puñal con semilla en rocío,
con las lágrimas que liberan las alas
y el vuelo entre los versos ausentes,
con el sueño que está en la aceituna del árbol.

Inquietud

En las selvas de la vida se equilibra el destino
con las voces que cosquillean en silencio,
entre las manecillas que liberan el tiempo
y con los mares que se llevan las ausencias.

En el acento de la lluvia se purgan las lágrimas,
se elevan los besos en las aguas danzantes
con los abrazos que abonan sonrisas
para el sueño en la piel que revelan las manos.

En una brújula se descubre el recuerdo
del diseño de la vida que escribe las grafías
con las horas que supieron a hospedaje
para la nostalgia en la eternidad del olvido.

HUELE A TI

Todo me huele a ti,
la cobijita nuestra,
el gusano de seda azul
y la sábana blanca.

Todo me huele a ti,
la pijama de arabescos
con mis botas negras
y la libreta verde.

Todo me huele a ti,
el abrigo café de piel
con mi peine grande
y las pantuflas blandas.

Todo me huele a ti,
la piel en sudor almibarado
entre aguas de saliva y canto
y las manos en mis tobillos.

Todo me huele a ti,
el recuerdo de los sueños
entre el ayer y el presente
y la necesidad de verte.

Todo me huele a ti…

Me besas (I)

Duermo a tu lado,
despierto contigo;
mi habitación, una hoja de papel en silencio,
tu cuerpo es un lápiz,
mi piel, un lienzo perfecto…
¡Me besas!

Nuestra cama,
níveas sábanas,
mi rostro, sabor a frambuesas,
mi cuerpo, chocolate caliente,
sorbito a sorbito…
¡Me besas!

Mis manos,
amapolas azules,
mis piernas, escaleras al cielo,
están dispuestos nuestros cuerpos,
con dulzura reposan…
¡Me besas!

Te acurrucas
en mis colinas de luna,
abrazas mis ojos, son tuyos y míos,
se empinan mis poros,
en secreto te quedas.
¡Me besas!

Bajas sedoso,
con tu mirada de luz
tus labios de agua
son fiesta a mi boca
a la una, a las dos y a las tres
¡Me besas!

Me besas (II)

Tacto a mi piel,
tez a mi fuego de aurora,
agua a corriente de un río,
fogata a tu leño encendido,
una antorcha con llamas…
¡Me besas!

Tus manos de seda,
comunión con velas benditas,
las unes al viento,
regalas tus dedos,
al oído un susurro…
¡Me besas!

Tus ojos me beben
el desnudo anhelo,
canto a mi ombligo,
sinfonía entre arpegios de sol,
cantan tus ojos y de nuevo…
¡Me besas!

¡Ay, tus besos!,
despertar de caricias,
contigo en cobijo es sueño la vida,
realidad de mi cuerpo,
sin pausas me besas, sin prisa te quedas…
¡La vida nos besa!

Me visto de ti

Me visto de hojas
con sonrisas de azucena,
en el infinito de la alfombra
coloreo un respiro.

En la lengua que sueña
con el pincel de tu cuerpo,
es consuelo la lluvia
en la raíz de mis olas.

Luna con gracia
entre un mar terciopelo,
oscuridad es la ausencia
etérea en este desierto de carne.

Me duelen los siglos
y los labios de piedra,
me aturde el silencio entre hielo
y este cuchillo de océano.

Se ahoga la vida
en el limbo del aire,
me duele el otoño
que hoy llora en mi piel.

El vacío es mi cárcel,
es tiempo el verdugo,
los latidos son ausencia,
se encienden mis lágrimas.

Amanece en tus manos,
la tierra es cristal
de mirada esperanza
en tus valles de olivos.

Besos de luz

Vibra el recuerdo
que bañan mis labios,
dedos océano de verde afásico
que escriben los besos
en mi espalda de hiedra.

Te necesito beso de luz,
caricias de almendras,
en el abrazo amante
de tu antorcha erguida
en mis caderas bambuco.

Te pienso sangre de fuego,
calorcito al cielo
en la lengua de agua,
de tu casa espejo
en mis costillas de arpa.

Te sueño tierra de polvo,
raíz con semillas
en el algodones de seda,
de tu casa de sol
en mi ombligo de océano.

Te siento piel de crepúsculo,
entraña de otoño
en el refugio escrito,
de tu cobijo en mi cuerpo
en mi clavícula de violín.

Te quiero suspiro del aire,
olor de la noche
en la luz de mi lienzo,
de tus ojos camino
en mi rostro de paisaje.

Contigo

Quiero una noche contigo,
donde el cuerpo sea al poema
mi piel el papel en que escribes,
tu gubia el pincel que dibuja
y mis aguas la tinta a tu antojo.

Quiero una noche contigo;
no me la niegues, cariño,
será tu amor el secreto
de sentir tu fuego en mi riego
y con mis aguas secarte.

Quiero una noche contigo,
de principio a fin ser el poema
en los laberintos del sueño,
recibir de tus manos el fuego
y avivarlo con cantos del cielo.

Quiero una noche contigo,
navegar en tu espíritu arcano,
bañarme en tu rocío de oro
y sellar la candidez del ensueño
para ascender a la luz de la piel.

AÚN

No te levantes aún,
deja que sienta
la inmensidad de tus ojos,
antes de ducharlos
con la fe de mi entrega
para que después
los vistas con el sudor de mi hambre.

Abrazo tus sentidos
en las caricias de mi hoy,
descubro tus párpados
sobre el origen de mis manos,
beso el olivo de mi anhelo
con mis pasos de luz,
fulgor que me hace desearte,
pero aún más amarte.

Abrigo tu cuerpo
con los bríos de mis tactos,
para que sientas mi voz
en la culminación de un grito,
mis dedos de viento
se fusionan a la raíz de tus pasos,
y mi tierra entre verdes
es paraíso en las aguas.

Ajuste de saldo

Adalid de ojos prestados en la tibieza de tu magia,
besas con tu respiro encenizado el roce de mis labios
y te entrego mis aguas al contacto con tu garbo,
canta la alegría por la promesa que brota de tu boca.

Adonis alcorozado que promete un cielo en sus brazos,
de cómplices sonrisas al confeso suspiro que nos une,
te apresuras a recibir el éxtasis de mi lengua,
ríes sin miseria con la dicha que une nuestra piel.

Ángelus de conquistas en el entrecejo de tu ombligo,
caminas siendo el dueño del paisaje al paso del aire,
cortejo te hace la tierra al arribo de tus pasos,
sabes de ímpetu en la humildad que te soslaya.

Sueño

Caballero de palabras precisas
con torso grabado en el sueño de un verso,
tus pisadas descubren el tiempo
en que los labios son anhelo de luz.

Vienes en cada tramo de agua
que invita a beberte en gotas de mirra
para frotar el candil con el aceite
que habrá de entregarme tus ojos.

Eres el Aladino con sonrisa de ángel
que promete un sueño en la bitácora del aire
para el equipaje que aliviana mi éxodo,
un cuento de luz en el renacer del arcoíris.

De tus dedos

Tus manos de tierra
almacenan el agua
que fluye en mi piel
por el grito por el estío.

Tus manos de aire
se unen silenciosas
a la raíz de mi cuerpo
en la saciedad de esperarte.

Tus manos de fuego
encienden la vida
en la pletórica rosa
que florece a tu tacto.

Tus manos de agua
se sumergen sedientas
en el amanecer de la vida
que nos entrega el amor.

Tus manos de esperanza
recorren nuestros árboles
con el sueño de estar
en un alma sin cuerpo.

PISADAS

Cada sentido tiene un lugar,
la piel es caricia a las cosas,
el tiempo es gota que tala la vida,
mientras el agua es beso al paisaje
y las manos son estrellas de un mar.

Cada canto tiene un recuerdo,
la tonada es cortejo a la muerte,
mientras el sol es nota exclusiva
en la cartografía del tiempo
y los labios son pincel a un cuerpo.

Cada momento es luz que acaricia,
el aire son los dedos de las montañas,
mientras los ojos son canto al horizonte
en la arena que besan los pies
y un beso es la golosina del viaje.

SALUBRE

Si es que aún somos luz de esperanza
en la sombra de una noche almibarada,
cuando los calcetines nadaron en la almohada
sobre los instantes de una noche de magia;
con las carcajadas que nos amaron…
es porque la soledad aún es fiel consejo.

Si es que aún somos pasos en las calles,
de la mano cómplice de un tibio chocolate
degustado en el camino en albedrío,
sin más afán que los pies sobre las piedras,
sin más prisa que el frío entre los huesos…
es porque la alegría aún es fiel recuerdo.

Si es que aún solea el paisaje al beso de las horas,
al ritmo del lenguaje que sabe de tus ojos,
fermento de caricias que abren el secreto
al ascenso en el abismo de caricias,
cuando corearon aguas en laureles a la dicha…
es porque el fuego aún no es fiel ceniza.

Calcetines voladores

Acuerdo no olvidar aquellas noches
cuando volaron nuestros pies,
ni aquel día que danzaron calcetines
repetida sombra, imagen auditiva.

Tampoco las carcajadas de la tierra
doblada por el techo de las cosas,
ni el esbozo cortina del desvelo
al sueño visión de la mañana.

Ni las alas del tiempo en nuestros ojos,
convengo simular que no es lejano
las lunas en la almohada
ni las rosas en las lámparas.

Pacto contigo recordar
la infinita ventura sin ausencia,
apego a sentir que aún caminan
dentro de la ventana de la noche.

Renacimiento

María, cubierta en abrigo de milagro
suave con una cordillera en sus cabellos,
sedosa en la disparidad de la jornada,
fuerte en la espera de su cuerpo,
camina en el caer de una gota
silenciosa,
alegre,
despierta,
universo en pie,
luz taciturna
en el callejón de los brazos.

Te encuentra descolgando versos,
doblando el silencio en el sismo de la sombra
y se queda mirando tu ausencia;
le pide al camino que traiga tus ojos,
los envía en un aguacero de risas,
que mana un eterno amanecer a dos manos,
luminoso
y rompiente,
volcánico,
espiral de besos
y renace en ti,
María, en su abrigo de milagro.

AMARBILIDAD

Una pausa en la reverdecida estancia
posó mi vértice al esférico descanso,
prensada en la piedra con inmortal abrazo
sobre un paraje de oleosas fragancias.

Mi sonrisa danzó en la carne de hierba
sin la despedida que se extravió en mis cabellos,
y olvidé que éramos del mundo
trayecto y puerto en los ojos del tiempo.

En la redondez de ese afónico instante,
sobre un diurno poema que manaba camino,
se evocaron las caricias en un silencioso madero
y comulgué con nuestras manos al beso.

Navegó la luz del limonero en mis labios
con el río a mis pies en abismales carcajadas,
y fuimos estío encuentro a dos cuerpos,
tacto al vino en el árbol de mi nombre.

PARPADEOS

Corpúsculos

En la inmersión de la ausencia
vuelan mis lágrimas sedientas
hacia la sanguínea partícula de ti
y descubro los latidos de tu dicha.

¡Ay, cuánto te quiero! en el eco de mi hábito,
en esa nube de mis noches silenciosas,
con esta condena de extrañarte en mi osamenta
por este amor del alma sin tu cuerpo.

Árbol de mi soledad en firme,
en el destrozo de habitar tu centro
con el hambre de mi boca amante
por el descanso de un naufragio adentro.

Parpadeos

Mi desnudez abre el mundo
y la historia con un genio de luz,
una promesa arcoíris que teje la historia
en el poniente de la sombra
con la lengua de las horas.

Parpadea la noche
en las paredes de mis huesos,
con el humeante tejido de las bocas al frío
que muerden nuestra sangre
con las astillas de la vida.

En los dientes de la piel festeja la lluvia,
los colores de la tierra se eternizan,
cuerpo a mi cuerpo, hojas al árbol,
amanece en un parto de voces
frente al corazón de mis lunas.

Recuerdo esculpido

Me siento a tu lado, caricia esculpida,
besamos espacios en un encuentro de tactos,
se desnudan las horas, somos un himno,
en la voz de los ángeles sentimos la tierra.

Encendemos el verso en una fogata de manos sedientas,
somos semilla, verso y deseo.

La palabra amanece en mis ojos
y en los labios las miradas nos besan,
las pestañas abanican una caricia de soles
que susurran a los húmedos cielos.

Creamos la palabra en una hoja con grafito tallado,
somos tierra, verso y deseo.

Se inclina el día que la noche amalgama
con las lunas de queso en dulce de guayaba
que endulza la piel entre la seda de orugas
y vuelvo a ti a desnudarte las horas.

Fundimos la voz en un ánfora con carboncillo grabado,
somos raíz, verso y deseo.

Sentada a tu lado esculpes mi tacto
con la caricia que susurra en tus ojos
y con el canto que se funde en el beso
entre manos a dos voces que hierven la ausencia.

Escribimos un soneto que entrega un rayo de luz,
somos árbol, verso y deseo.

Ramajes

Terciopelo es mi piel en tu piel,
urgencia tu entrega en la mía,
es camino la humedad en las horas
y urdimbre mi caricia en tus besos.

Un eslabón son tus manos de ángel,
un refugio son tus brazos de ensueño,
y un péndulo son mis manos a las horas
en el obelisco de tu espalda de héroe.

El fuego es la ilusión en mi umbral
con el arrullo de nuestro enjambre cantor,
un embrujo entre los ramajes del sueño,
de la danza que entrega nuestro oleaje.

LIBREPTURA

Quiero el infinito silencio, hornera piedra de mi sílaba,
la fértil ciénaga a la madriguera que devora;
quiero trepar el ramaje de mis ojos,
tierra del anhelo que gravita en mi huracán.

Quiero mi piel virgen, lienzo a los pájaros del tiempo,
mortaja en lengua de un abrazo que libera;
quiero el cristal arcilla que se rompe
con el beso oceánico de un semen escarlata.

Quiero desnudar la voz al contacto de mi oxígeno;
quiero desvirgar la soga del olvido
en un aórtico suspenso con las amansadas lunas
que entregan las almendras de mi cuerpo.

Quiero vivir sin látigo en mis huesos, polvo a mis manos,
aire de la salvaje nieve de este viaje,
quiero amarme sin la atadura de mi sangre,
ser una libre hoja eternizada en el otoño,
entre el mallético suspiro de este instante.

EXTRAÑANZA

Extraño cada palabra que nace de su boca
en la respuesta que inquieta a mis antojos,
su cuerpo, su voz, su todo, aun sin nada;
extraño el silencio de guardarlo eterno mío.

Extraño sus ojos horizonte en albedrío,
mar de sus caricias en la playa de mis dedos,
ese brillo que nace a voluntad sobre mi aura
con la tibieza de su alma campesina.

Sin más prisa que la gota que me escribe,
sin más afán de ser cómplice de sábanas;
peregrino del tiempo, aún más lo evoco
con la mutua pertenencia de extrañarnos.

Algo tuyo

Si poseyera algo tuyo,
si sólo se me concediera
un éxodo de privaciones,
pediría para tu voz mis oídos
y para tus caricias mi tacto,
para tus pies mis caminos
en los brazos de tu destino.

Si besara algo tuyo,
si sólo se me permitiera
la verdad de tus labios,
rociaría mi palabra con tu reflejo
y con tus dedos el aire de mi río,
para la cercanía un océano
en las manos de tu pluma.

Si abrazara algo tuyo,
si sólo se me regalara
la espiral de un segundo,
trasformaría el tiempo en una roca,
tu cuerpo en el cordel de un pozo,
para el rescate del ahogo
en los pies de mi humedad.

Si arrebatara algo tuyo,
si sólo se me sentenciara
a la espada de tu adiós,
despojaría de la toga a la diosa
de su mallete el destino,
para la libertad de la vida
con el veredicto de tu regreso.

A QUIEN AMO

A quien amo en los corredores de los cielos
le pido que me lleve en pos de este amor,
hacedor del buen vino y el manjar del alma en celo.

No quiero más vivir en la incertidumbre
de la ignorancia de sus besos,
ni en el despojo de sus sellos en mi vientre.

Mi lecho se cubre de sombras,
muero de asfixia sin su cuerpo,
sin la luz de la alegría que concede su cielo.

Bejucos

Sortilegio mío, qué complacencia es mirarte
en los deleites de las esencias de los búcaros,
senderos de hojarasca, pájaros en flor.

Colgadura de los bejucos de un lecho
para amarnos como fieles aliados
en la eternidad de nuestra orbe secreta.

Allí no hay pausa en ese respiro.
Venerado mío, ven pronto que el tiempo expira
en ese suspiro que se pierde en el aura.

Ven, entrégame de tus manos los frutos
y de tu cuerpo los rincones del mar,
que la vida se evapora en la prisa de un siglo.

En tu saliva

Entrégame tu emisión en mis sentidos,
en la cima de la obra que me abraza
con tus manos sedientas de mi cáliz,
cual fruta fresca al contacto de tu boca.

Estrújame en la presencia de ese beso
que moja la soledad en la esclerótica del grito,
asciende al peldaño de mi cerviz:
¡No susurres! Sólo gime en el gesto de tu tacto.

Sécame con la saliva de tu hoja,
que no termine el péndulo encerrado;
lame mis rincones con la mortífera lisonja
que se adiestra en el arte de tu cuerpo.

Recórreme con la erección de tus pupilas
hasta el lienzo del abrazo que nos crea,
para abrazar los tentáculos de la luz
que en un cielo erotizado nos recibe.

Mausoleo del cielo

En la infinidad del espacio que me acoge,
donde el aire copula con mis besos,
se evidencian mis instintos claroscuros
y me bañas con el riego de la gloria.

Desciendes a mi sagrado mausoleo,
te veo entre las caderas de mis pasos,
sediento de mi secreto en camposanto
y te adueñas de mi tumba inhabitada.

En el tabernáculo infinito de emisiones
me arropas con el hábito del cielo,
entre rocas de volcán que se arrullan
ascendemos a las esencias de su cumbre.

Los suspiros fugaces nos resguardan
a la mutua avenencia que calcina el silencio,
en el habitáculo que se hace canto al compás
de dos cuerpos que descienden al reposo.

TOMAR Y DEJAR

Tomo la serenidad del amanecer
para la desnudez de este cuerpo;
dejo los cielos sin fronteras
y el acero de nuestras palabras.

Tomo la plenitud de nuestras pestañas
para la contemplación de nuestros abrazos;
dejo el olvido en sílabas de albedrío
y la lujuria de nuestros cuerpos.

Tomo las caricias en nuestras manos
para el frío de nuestro silencio;
dejo el desamor de nuestras miradas
y el invierno de nuestros cuerpos.

Tomo la saliva de nuestros besos
para enlazar nuestros anhelos;
dejo el ronquido de nuestro desvelo
y las ausencias al calendario.

Por eso, lo que tomo nunca lo dejo,
porque todo lo que no tomo lo olvido,
mas lo que me deja nunca fue mío
y nada tomo de todo lo que dejo.

CUERPO DE AIRE

Quiero sentir los besos de su piel
que entregan caricias en los labios,
los abrazos de sus pies en mis rodillas
y la avenencia de su voz en mis oídos.

Quiero escuchar la sinfonía de sus gestos
en la dulzura de su ritmo de mimo,
con la cortesía de sus verdes ojos
para oler los frutos de su bosque.

Quiero acariciar la sonrisa de sus pasos,
esa consonancia de su aire cómplice,
la lectura del son de sus célebres frases
para el sosiego que esperan mis ojos.

GRATITUD

Nos hemos dado muchos besos,
miradas infinitas en la ausencia amarga,
hemos apostado a no querernos,
para fundirnos en el alba.

Haciendo de nosotros un solo cuerpo,
entre los dos no existen laberintos,
ni meridiano en latitud que nos separe:
hemos derrotado el cruel destino.

Los prejuicios y los tiempos
se han sepultado en la osadía del olvido,
hemos ofrecido gratitud en gallardetes
para ser del amor una victoria.

SUAVIDAD

Cada día…
se ilumina un nuevo comienzo
en los brazos de nuestro tiempo
y se humedece de nuevo el beso
en la plenitud de nuestro ser.

Cada día…
se enciende un nuevo grito
en la fogata de nuestro cuerpo
que sonríe en cada caricia
en el cielo de nuestros abrazos.

Cada día…
amanece un nuevo hoy
en el capítulo de nuestra historia
que descansa sobre un sueño
en la sílaba de nuestro título.

Cada día…
es tenernos en un nuevo sol
en el hoy de nuestro ayer
con una nueva ola de esperanza
en el mar de nuestra luz.

Cada día…
crece el camino hacia la derrota
de la muerte en nuestras vidas
que conoce nuestras miserias
en el vacío de la voluntad.

Nuestro ser

Cada amanecer…
se renuevan los votos del amor,
renacemos a la dicha del tiempo
que retoña en nosotros la plenitud de habitar
en un vuelo que reverdece el encuentro.

Cada amanecer…
revive la sonrisa de nuestras lágrimas
al florecer la libertad de nuestra unión
y resurge la esencia de la luz,
la sangre brilla en nuestros besos.

Cada amanecer…
alumbra la alegría en nuestros ojos,
la remembranza de nuestro hoy amanece;
es más nuestra la fusión de nuestros cuerpos.
Cada querenecer es más que un amanecer.

En tu piel

Sólo para mí tus caricias,
sólo para ti mis besos;
guárdame tus manos y tus dedos,
yo te guardaré mis caderas.

Sólo para mí tus roces,
sólo para ti mis espasmos;
guárdame tu piel y tus labios,
yo te guardaré mis abismos.

Sólo para mí tus abrazos,
sólo para ti mi sentir;
guárdame tu cuerpo y tus ojos,
yo te guardaré mi regreso.

BARAJAS

Qué importa si no saludas mi cuerpo
ante el cortejo a mi otoñal desnudez,
si mi piel arde en el cansancio del frío
con el silencio de la agonía en descenso
que espera voraz el grito de mis manos...
¡Todo es poesía!

Qué importa si mi baraja no tiene ases
o si creo un continente sin contenido,
si actúo para fragmentar el vacío
en la tarde de mi piel frente al mar
y si hago versos al silencio de tus ojos...
¡Todo es poesía!

Qué importa si me sumo a un temporal,
a las nostalgias del silencio en la ausencia,
a la espera de la infusión del naufragio
o si dejo mis sueños a los espejismos
que saben del dolor de mis luchas...
¡Todo es poesía!

ZONA HIPÉRBOLE

Allí donde se aligera el silencio,
partícipe de enlazados rumbos,
donde la vida se hace efímera
en el secreto que la enluta.

Allí donde nace la caricia
de estas sedientas manos
que se hacen hormigas
en el rótulo de la ausencia.

Allí en ese ocupar de mí
que huele a pan caliente,
en la huerta de las papilas
que llegan guitarreando besos.

Allí donde se contrae el aire
en el triunfo de mi garganta,
donde la paz se hace alondra
en el grito de mis olvidos.

Allí donde nace la piel
hasta estos mástiles huesos
que han de volverse polvo
en las violetas del estío.

Allí en ese lugar de ti
desde mi fugaz hojarasca
que sabe a aire de viña fresca
en la ventana de mis oídos.

Allí en esa zona que habito
en el acervo de mi cuerpo,
donde se conjuga el invierno
con el otoño de mis exilios.

Allí donde comulga la fuerza
con la escolta de la añoranza,
que se acurruca buscando abrazos
desde mi húmeda tierra.

Allí en ese sitio en que habitas
que pacta con la genitora luz
al haz de la antípoda esperanza
palpitante de yerbabuena.

Allí donde habito y habitas
en el umbral de nuestras pupilas
que se fusionan lloviendo orugas
en la virginidad del universo.

Nocturno

Una noche sin ti es silencio en la raíz de la vida,
es escuchar un murmullo en las cadenas del eco
en medio de la sombra de un callejón sin salida
con la luz que cruje en el fuego de un bosque.

Una noche sin ti es media manzana en su óxido,
es un tictac sin manecillas que pulsen el ritmo
en un edén sin golondrinas danzando a la vida
con la espada sin la venda en los ojos que juzgan.

Una noche sin ti es sentir un nudo en la garganta,
es oír un ronquido en una almohada ausente
en medio del aire entre un punzón de arterias
con la caída sobre un cascabel de serpientes.

Una noche sin ti es vivir en un cuerpo sin huesos,
es escribir sin tinta en una torre de folios,
en medio del alumbramiento de un espíritu inerte
con un gallo que canta a una hora incierta.

Una noche sin ti es amar en la aridez de este beso,
es sufrir un desvelo en unas pestañas que sangran,
en un desierto que escucha un murmullo de grillos
con el éxtasis de un llanto para sentirse eterno.

ACONTECER DE LUNA

Fruta en cosecha es el amanecer de tu aroma,
música que colma mi ser,
que me hace esperar en esta inútil ceniza
para sentir el aroma de tus besos,
la dulzura de tus caricias y la melodía de tus pasos.

Sin ti la vida se torna árida hoja,
fugaz silencio… sin el son de tu voz.
Quédate conmigo en este acontecer de luna,
florescencia en frescor silente
que baña mi soledad con la fuerza de tu aire.

Ven, sabrosura de mi ser con tus ojos de siglo,
cúbreme con la ironía de tu respiro,
entrégame el nombre que te hace viento
en el fermento de mi alma
por el fiel respiro de la vida.

Entrégame tus manos de juicio
y esos besos que paralizan la noche
en este amanecer que vela por tu cuerpo
en el vergel de mis pupilas.
Vuelve a mí en cada despertar.

Ábrete al papel del horizonte
y escríbeme sobre el pergamino
de mi vida con la sangre de tus versos,
llévàme en cada alborada que se hace eterna,
en el ahora inmarcesible de nuestro amor.

Búsqueda

Siento un calor que se disgrega
desde mi adentro y en ti se congrega,
una caricia que me seduce a sorbos
desde el ángulo del sueño.

Quiero tenerte en los pasos de mi espalda;
vengo a buscarte y a nutrir mi espíritu
con los rastros que deja tu desierto
y logro refugiarme en el recuerdo.

Acogedora como siempre nuestra casa
con ese tibio perfume de tu piel;
el respiro en mi alborada aún es canto
para sentir la tibieza de tu cuerpo.

Acaricio nuestra adyacente lejanía
que roza las costillas y los labios,
y provoca en soledad este desvelo
entre unas sábanas que bailaron.

Revolución

¡Oh, cielo mío!,
vivo en este viaje del aire,
en esta quimera de párpados,
con el deseo a flor de lis
un anhelo sensitivo.

Estás en las entrañas de mis sueños
para amarnos con rebeldía,
sin las ataduras del prejuicio;
arribaremos con el canto vespertino
y allí seremos fuente de vida.

Entonaremos en nuestras arpas
un canto de querube,
revolearán nuestros cuerpos
entre las nubes a cántaro eterno
hasta que sea la hora de la entrega
de nuestras cenizas a la mar.

TANGIBILIDAD

Siento la paz que me da la esperanza
con el reposo de un tiempo borrado,
en que la espera se agota entre nubes
y libera del espíritu el cansancio.

El sol frente a ti incorpora nuestros pies,
mientras los labios se deslizan en la piel
y envuelves tu tierra en mi cuerpo,
en el adiós de un desierto de olvido.

Se eleva una voz que desviste los recuerdos
en las raíces de mis sueños guardados,
y siento el respiro en mi resguardo
que termina con la premura del tiempo.

CONCEDIDOS

En la resonancia de la espera llegó la noche
y se fusionó mi murmullo a su silbato,
en las altas caricias a dos voces en un altar de fuego
y danzarinas palabras brillaron en las pupilas.

Se vació el aire irrespirable en la quietud
y fuimos generosos en cuerpos ofrecidos,
envueltos en sudarios insistimos en ahogarnos
desde una hortera cargada de suspiros.

Nos diluimos en un precipicio erotizado
que clamó por las desvestidas soledades,
un acento insistente sustituyó el sobresalto
hacia la inercia que inaccesible nos unía.

Deshojados de piel imaginamos los espacios
en la oscuridad de un recuerdo inexistente,
que ahogó el tiempo en su trayecto
y quedamos en firmamentos concedidos.

En el interior floreció un sueño de nieve
que guardó ese canto en paz de siglo,
una realidad que vive en las raíces de mis venas
y recrea de manera caprichosa mis sentidos.

Inicios

Cada día se ilumina un comienzo
en los brazos del tiempo,
se humedece un nuevo beso
en la plenitud del ser
y se enciende un nuevo grito
en la fogata del cuerpo.

Cada día sonríe una caricia
en el paraíso de los abrazos,
amanece una nueva ilusión
en el capítulo de la historia
y descansa un sueño
en la sílaba del deseo.

Cada día nos tenemos
en el presente del ayer,
en esa nueva esperanza
entre el mar de nuestra luz
que acorta el camino
hacia el despojo de la vida.

Vestíbulo

El amor es un relicario de anhelos,
llega airoso y se instala en nuestro cuerpo,
prepara el santuario que vaticina la entrega
frente al antojo que reza por la vida.

Entre armónicas perlas los besos nos llaman
para purificar a las pulcras nostalgias
y crear un santuario entre sábanas,
con crisantemos reales la lluvia nos baña.

El amor es un relicario de sueños
que implora con fuerza en un latido de olas,
para vencer el naufragio en un guiño de muerte
y envuelto en dolor su vestíbulo cierra.

SENSIRENCIA

Abrigué la fresca que se posó en mis labios
mientras tus pies hendían entre sueños,
con el húmedo anhelo doblé mi equipaje
en la tangible envestida de mis éxtasis.

Mis ígneas lunas en inmortal cortejo
besaron el coral de tus ojazos,
todo se hizo camino de esperanza,
un cósmico crisol de sal y caramelo.

Un latido en el cuerpo de un jazmín
con la asonancia en mi piel de caracol;
huésped a mis ojos en rosácea implosión,
en tu táctil espiga viví la osadía.

Una fusión de un insomnio rutilante
con las pestañas prestadas al ocaso;
entre los compases de nuestro oleaje
nos guardamos en una metáfora de ensueño.

AVIDEZ

Mi cuerpo refresca la dicha del mar
y abrazado a tu barca marcha mi nauta,
palpo tus sentidos entre el mástil de tus labios,
y nos seduce la precisión de tu vértice.

Tus manos ceden caricias de especies marinas,
con pestañas de viento ondeas mi piel,
desde la geográfica de tus labios entregas el beso
que viaja al son de la brisa y el mar.

En la fragancia de la tarde besas mis lunas,
y extensivo tu dorso navega en mi océano
sobre las playas alíferas de un tiempo fugaz
en que se adentra el final de la ausencia.

MELODÍAS DE PIEL

Entre un ramal de ángeles y serpientes
vamos de la gloria a la tierra y viceversa,
incertidumbre en el fuego de la ausencia
que gravita en los peñascos del destino.

Se desangra la necesidad del otro,
para beber en la presencia de su ser,
con la caricia de unos pasos que palpitan,
que se acercan a las riberas del panal.

Se desgranan las lágrimas cual relicario
con la tangible plenitud de la sonrisa
en la etérea corporalidad de las auroras
que penetran con la rebeldía del espíritu.

Entre los poros del éxtasis volamos
en cada parpadeo que jadea por el grito,
que nos convierte en orugas fusionadas
con el ímpetu de un bosque en florescencia.

Cada latido de ausencia ama el silencio,
nos deja en un sinfín de bosqueadas sacudidas,
que suavizan la sed de beber en unos brazos
con el calor de la sangre que entrega la frescura.

En las raíces de la vida se embriaga la ilusión
con la presencia de cada amanecer
que de cerca nos desnuda el recuerdo
de ese tiempo que nos seduce en la piel.

AMANECER DE LUNA

Fluorescencia de mi destino,
luna con queso de mis pesares,
marca el reloj con las palmas del sol
al tenor de los abrazos del mar
que viajan insolubles en el tiempo.

Vienes con tu aire de noche
y miras mis ojos de éxodo
que nadan en el río del sueño
y tomas de mis manos la fe
entre la canción del recuerdo.

Un bosque envuelve la memoria
en el camino hojarasca de mi piel,
levitas entre los pies de la noche
con la sangre en la mirada que fuimos,
como cascada de un encerado inicio.

En tus manos es inaudible la vida,
en tus labios es guardián la palabra,
y el camino es estampa a tu nombre
en las alas en que se cruza nuestro tiempo,
somos eternos en senderos de ilusión.

Camina a tu lado la distancia mortal
y estás en la ola que lleva este viaje
en la fábula diestra del día
y en la ráfaga suspendida del aire
de esta inmóvil reminiscencia de olvido.

VENTISCAS

Revives en la absoluta quietud,
en la inmensa añoranza que canta
con la esencia de la piel que cautiva;
en gotas de versos te guardo,
entre copos de lis tú me besas.

Silvestre manantial tropical
de selectos jardines de néctar,
soy lamparilla escogida que vuela
seducida por los aromas de flor,
acógeme en el jardín del edén.

Tengo ansias profundas de amarte,
de mirarme en tus ojos de sol
y que tú en los míos te mires.
Acá estoy para recibir el dulzor,
el viento sobre mí escurre tu miel.

En ondas que dulcifican mi tez
quiero atizar la brisa y traerte,
en un caudal de aire a mi gloria
en la senda de mis horas en flor,
a los profundos vergeles del cielo.

VID

Con la fuerza salvaje que desata
la plisada estampida en mi piel,
un alimento frondoso del anhelo
en el oratorio aireado de tu luz.

Extiendo mi difunta candidez
y me endoso al fuego de la entrega,
desenfundo el sagrario en mis rosales
con la aurora de mis lunas en la noche.

Me cubro con el manto de las sombras
en la corteza suave de una espiga
y acuno a tu torso la siembra de mi huerta,
para descender a la arista del destino.

Con el dúctil arrullo de la brisa,
nos sentimos en la geometría de los vértices,
en el espasmódico brillo de los ojos
para fundir nuestro espíritu en la tierra.

SUPERNOVA

Luego de la primera noche y las que siguieron,
la fémina albura más nos congrega,
las frases en tus dedos son indelebles en mi ombligo
y mi fuego interior tu tersura reclama.

Tu dermis es presencia que activa el remojo,
la sientes tuya, sólo tuya, es tu reina;
tu aura de amante ideal exalta mis locuras,
y mi adentro ansía tus células inquietas.

Siento un respiro agitado en mi espalda
que recorre el sistema cósmico de mi galaxia,
hasta las nebulosas de mis negros cabellos
que buscan las curvas de tus sensibles orejas.

Mi piel es impacto sideral de una supernova;
entre los gimoteos que ofrenda sacudidas,
ante el adonis que deja dentro su leyenda,
un regalo de estrellas para su diosa Afrodita.

OFRECIMIENTO

En este prolongado espacio beso el silencio
y busco tus labios en la toga del sol,
bajo la lluvia que engalana el festejo
con la placidez que entrega una copa.

Éxtasis que viaja sediento entre la piel,
entre océanos de fuego envuelto en las horas,
con lienzos de ocasión para escribir la historia
de este inmutable candor entre mis alas.

Venzo mi apetito a tu banquete
con mi café caliente en manos náuticas,
que reciben el arrebato de tu viaje
en este terruño de ancestrales espejismos.

Me abraza el infinito veredicto;
te invito a cenar de mi espera
al calor de las cenizas, salmo de soledades
que entregan los bulevares de la noche.

Acudes ante mí con tu voz de mar,
con ese arrullo de cencerros en la tarde
y visto para ti mis playas de isla
en la ventana amoblada del crepúsculo.

Blanqueas mis sombras y tiñes mis viñedos
con la vid sagrada en tus libres pupilas,
fijas el brillo de tu alma a mi dilución de miel
y bebes de mi jardín el silencio con tu pan.

LATIDOS DE ENSUEÑO

Ensueño de aura, imagen en mi horizonte,
los rocíos de mi voz fueron luz a tus ojos
en el selvático suspiro escapado de mis labios
y el ansia invisible en el zafiro de tu aire.

En un pálido trasnochado me bebí tu desierto
y degusté la dicha de tu arte encendido
entre el río que entregó fragancia a jazmín
para la lengua de un enjambre endulzado.

Levitaron las manos que recorrieron tu piel,
como húmedas algas en la fertilidad de la tierra,
y avanzó el fragor de tu boca absoluta
que elevaron al cielo mis alas de armiño.

En tus ojos se reflejó el crepúsculo grácil,
que amaneció con tu nombre entre el anhelo;
hasta al puerto de mis oídos acerqué tu oleaje
para escuchar tus latidos de mar.

Escribí la fábula entre páginas vírgenes,
cual pezón acentuado en la miel de su flor
y con una aguja de oro esculpí letra a letra
el registro vibrante de estas trémulas horas.

Aromas

Olor de azucenas en los dientes de un peine
que serpentean las sedas en los enredados cabellos,
con el afán de las horas en que agoniza mi talle
ceñido al corpiño que sujeta mis rosas.

Vestida de silencio entre un purpúreo acorde
que enlaza el collar de las ondas de luz,
con un cascabel de luciérnagas en el tul de mi blusa
un movimiento bestial que corteja el aire.

Mi traje ondula el café en su aroma,
en la fragancia que posee un elixir de piel,
una grácil ventura que mece mi cuerpo
con las arrugas que purifican las espinas del tiempo.

ALBURA

Ensalzo las manos en el jazmín de un vino tinto,
honro los amaneceres en la espuma del agua,
beso los pies volando en sol de un río
hacia el follaje en las raíces de nuestros cuerpos.

Me deslicé en un expectante abismo,
mi cabellera se convirtió en la noche,
los ojos en la savia de los besos,
y las sílabas en la sangre de los labios.

Cada tormenta que incendió nuestra paz
fue vértigo en túneles de sombra
que otoñaron descansos en descensos
en el cáliz donde el viento fue esperanza.

Fuimos planeta de un universo a dos manos,
aceite en agua, isla y mar sin continente;
fuimos espiga y espada sin batalla,
hoy espera en el silencio del recuerdo.

SENSACIONES

Cortesía de tu ambrosía

En la difusa contemplación nocturna
se formó el lenguaje de tu ideología,
ánforas que desnudaron los temores
y envolvieron tu locura a la mía.

Pálidos molidos que se hicieron viento
en la posesión de mi espíritu de hada,
que encadenaron la osadía al sueño
y anestesiaron la soledad que había.

Sombras del silencio que fallece,
que deja la ilusión sembrada en un matero
para amarte en el desierto de mi vida
con el ímpetu de la tiniebla seductora.

En el sentido de un revés de angustias,
en la cortesía de tus noches mías
y en las mías sombras de tus ambrosías
para la muerte mía donde vives mío.

PREMURAS

En la elocuencia del silencio
las palabras se ahogan en mi boca
al ungir mi saliva al hablar,
llegan contigo las musas lejanas
los versos que musitan al oído
y me llenan de ti, en abundancia.

Me hablan desde el precipicio de lo etéreo
hasta el póstumo fulgor de mi respiro,
más allá de lo diáfano del eco,
en el reflejo del cristal de la penumbra
que perfila la luz entre mis latidos
y los conjuga con los tuyos.

Te encuentro en lo anverso del espíritu,
en la magia de los misterios inefable,
dentro de la astrología de lo arcano
que me lleva a sentirte generoso
con la imperfección de mi carácter
en los profundos laberintos del espejo.

Te siento encima de las vanas ilusiones
y más allá de los anhelos imposibles,
en las partículas ligeras que me besan,
que colman mi vida de inquietudes
sin vacilar para las múltiples cuestiones,
nos deja en la puerta del encuentro.

Un sentir simple e inexplicable
que en silencio discurre con nostalgia,
sin yugos que encadenen nuestros pasos,
sin meridianos y sin prejuicios oclusivos,
venciendo los vericuetos de los vientos
y colmando nuestro mundo de antojos.

POSTERGACIÓN

En la soledad que cubre mi anhelo
me entrego a la paz que me acoge
en el deseo que en secreto confieso
de tenerte reflejado en mis ojos.

No preguntes cuándo será ese día,
ni dudes de la certeza que expande,
cuando ancle mi barca en tu puerto
y entregue sin medida mis besos.

Será en el momento preciso
en que tu mirada y la mía se fundan,
en el sosiego que la vida prepara
y nos entregue el fruto pendiente.

Será como tiene que ser, así…
ha de ser y será, como es este amor,
revestido con las fibras de otoño
y arrullado con el aleteo del fuego.

Permanencia

Dulce de anís, mi aromático encanto,
cada segundo de mi respiro más te quiero,
eres esa bolita de cristal que atesoramos
y sin dejarla rodar con cuidado se resguarda.

Aunque mantenga mi porfía te extraño,
y desespero por ti cuando te alejas,
me quedo en la orfandad de este desierto
con el silencio que provoca la partida.

Eres la libertad que contiene mi sagrario
con la alegría que quiero endosarte,
cuando vengas a mí como las olas
con el viento en el compás de una caricia.

Te abrigo en el cristal de mi memoria
y en el lienzo de mi recuerdo pincelado,
en la ilusión que congela el sentimiento
para elevarte a la sagrada permanencia.

ESTACIONES

Hay días en que la luna canta,
existen noches en que el sol llora,
hay momentos en que se vibra un poco,
otros en que sin vivir morimos
sólo por sentir que la vida se acaba.

Pero un día de esos tantos otros,
llega un neón del cosmos gráfico
y de él desciende un ángelus
que nos irradia con emisión sagrada
y nos besa con ojos de complacencia.

Canta la hora del Ave María
con un místico fervor que nos deleita
y reboza con esa magia de azur,
en las inesperadas alboradas
de un renacer que llega al infinito.

PRONTITUD

Ven pronto, que se disuelve tu imagen,
esa que sólo vive en las pupilas del tiempo,
cuando cierro mis ojos y puedo abrigarte
en la travesía de esta memoria sagrada.

Me siento desabrigada en este desierto,
en esta noche de escudada orfandad,
elevo mis ojos a la quietud de las horas
que pasan inertes en la alborada del frío.

Con la esperanza en el lienzo estrellado,
en la luna eclipsada de un cielo de marzo,
entre el abismo de prodigiosos ensueños
de llegadas y esperas entre sombras de fe.

En esta quimera donde el tiempo sucumbe
ante la espera de un regreso abnegado.
Dulzor de ilusión, quiero sentirte cercano,
endosarte alegrías y renacer a tu lado.

VIAJE

Estoy con mi vestido blanco
en la proa de un barco descubierto,
con la causa vibrante de esperanza
hacia el eterno retorno de la vida.

No se disolverá la luna en la noche,
hasta que no descanse a tu lado,
en el requiebre de un tiempo alcorozado
en medio de la alborada de tus ojos.

Mis células se descubren en tu arrullo
extendidas al alón de los anhelos,
navegan en la ilusión de esta velada
emplazados en espléndidas visiones.

MELOSIDADES

Eres la lágrima celeste que revolea
en el contorno de las mieles del espíritu,
sobre el cadencioso espacio del precipicio
con tus ojos colmados de querencias.

Ángel mío, ven y descansa en mi tierra
y en mis oídos reposa tus eternas soledades,
respira en el caracol de mis cornisas
y extasíame con la miel de tu alegría.

La jornada embebedora hoy nos llama
para evaporar los claroscuros de los días,
con la última cruzada del destino
que se conduele de las vidas solitarias.

RENUNCIA

¡Desnúdame! del respiro que me arropa,
de cada aldaba que se filtra en el vacío,
de los cerrojos que brillan en las sombras
y de los pedazos de humo recocidos.

¡Desvísteme! ante el silencio que me grita,
libérame del sujetador que me aprisiona,
de las bragas en mi vértice ceñidas
y de las calcetas que ahorcan mis tejidos.

¡Enviúdame! de las cadenas de mis pies,
del yugo que me lleva a tus arados,
que me arrastran a la fosa del olvido
y que cierran el abismo de mis noches.

¡Absórbeme! la tristeza de los días,
siente mis lunas en la soledad de tu delirio
con la voluntad que se hace primavera
y poliniza la florescencia entre los cielos.

¡Sácame! de esos pasadizos de tinieblas,
de la negada ilusión en los crepúsculos,
de los resguardos lacrados con mi lengua
y de la suerte en el cementerio de vivientes.

¡Resucítame! en la gloria de un fuego extinguido
que incinere mis deseos en gotas de despojos.
¡No me ames! Riégame de libertad sin ataduras
y llévate dentro de tus venas mi recuerdo.

Introspección

Llegué con los pies en un navío de promesas,
audaz entre los brazos de aquella noche;
me quedé fulgente en el traje de su voz
y anduvimos el malecón con la rima del viento.

Mis manos fueron pájaros de octubre,
bandada de abrazos en el refugio de su bosque;
todo fue miel en el almíbar del limón
y azúcar en la emisión de sus mareas.

En esas horas de lingüística caricia
de besos a la tierra con el roce de los pasos,
de miradas que amaron la realidad de la ilusión,
fuimos alianza de una íntima comunión.

De tu luz

Lucero de mi camino,
vienes a mis pasos
con tu calor de universo
y abrigas mi cuerpo.

Con la caricia en tus ojos,
miras el reflejo de los míos,
en el espejo que diluye
mis pestañas al viento.

Con el riego de tu luz,
cubres mi voz
y asciendes al cielo
con la alegría del aire.

Te abres en polvos de oro
y diluyes mi llama
entre las rendijas del viento
de mi congregado abismo.

Quemas tu silencio
con los cantos del cielo,
entre cascadas de pálpito
en la puerta de la ausencia.

Es noche de bolero
en la seda de mi hambre
que devora uno a uno mis antojos
en el secreto de mis luchas.

Arrojo

Divaga la orfandad en la penumbra
que enciende las farolas del recuerdo;
allí donde el deseo habita en solitario
y surco la luz entre los aires del antojo.

En el suspiro que ronda en mi adentro
te encuentro apacible y dormido,
un suspiro que vierte mi aura y te abriga
con el sueño ardiente de mi anhelo.

Te amo, te beso, eres mío… y despierto
un sueño que trasciende a tu almohada
en la realidad de la aurora que abre
la paz en la alegría de estar en tu cuerpo.

Rocíos

Me envuelves y cautivas con tu sensualidad,
con almíbares y frutos sucumbimos los dos,
tus folículos riegan líquidos de vida
que entregan el respiro de la brisa y el mar.

En suspendidos instantes en tus aires me apresas
visitas los rincones de mis silentes aromas,
la intrépida cordura nos cautiva y nos guarda
y arribamos a galaxias de escarcha y sosiego.

Antojo

Eres el beso que la vida me prohíbe
la caricia que bendice la alegría
en el deseo que postergo.

Eres el misterio indescifrable
a la pregunta que inacaba
en la respuesta que me espera.

Eres la locura que me habita
en el traje del precepto
que visita la bonanza.

Eres el instante que se agota
en la puerta del encuentro
para la existencia en tu sonrisa.

COORDENADAS

Entre la magia de la espera y el encuentro
está la inefable rareza de lo efímero
que viene y se va entre la idea,
escapando a escondidas entre risas.

Entre el suspenso del deseo que deshoja
está un dueto que se ubica entre los brazos
con el cosquilleo de sus dedos y los míos
que entretejen en el aire las caricias.

Entre su ombligo y el mío hay sólo tiempo,
es un hilo delgado que canta entre los dos,
cercano a la anatomía de su izquierda,
debajo del ombligo y entre los ojos.

Desvelo

Si vienes a preguntar
dónde comenzó esta historia,
te diría, por ejemplo,
que fue cuando las horas
eran hilos a la palabra
y sonreímos sin pausas
en cada espacio del tiempo.

Te diría que no hubo prisas
para el deletreo del silencio,
ni regreso al olvido
para abrazar los recuerdos,
que fuimos del amor
en el afán por sentirnos
un laurel insuperable.

Te diría también
que fue cuando la mandolina
era más música que canto
y las baladas resonaron
acortando los días,
para ir a lo que hoy
en un solo arpegio nos ama.

PENTAGRAMA

En tu barbilla clama una lágrima en vuelo
que en alas llega al rincón de mis labios,
un quejumbroso arrullo de níveos cielos,
como letanía de vida en una flor boreal.

En tus ojos de selva la tierra se crea,
recóndita luz en pentagramado universo
que como un arroyuelo baña los míos
en un cándido edén de armonía infinita.

De tus labios de espuma brotan alondras
que viajan sobre el trueno de los míos,
y en curvas de seda se pinta tu arte
entonan los cantos que deleitan sin fin.

En tus manos de aire vienen brisas serenas
que sumergen el tiempo en un cosmos de bruma,
un aposento de gloria que condensa los vientos
y en cascada de lluvia nos volvemos un mar.

Te siento

Fuerza del espíritu que impulsas
el placentero tormento de mi vida,
en tus ondas acaricias mis responsos
y revelas los motivos voluptuosos.

Me llevas en las ondas de tu impulso
y te siento vibrar y vibro…

¡Tiemblo en las sacudidas que me urgen!
Te amo desde los bajíos de mi templo
hasta la cumbre de mi espíritu
que me cubre con su furia incansable.

¡Ay, vida mía!,
despojarme de tu embrujo yo quisiera,
pero más me aferro a tu aquiescencia.

Postigo

Tus costillas descifran mis cruzadas
en la libertad de un abrazo que se expande
al contacto del tentáculo del tiempo,
salvando los laberintos del espacio.

En el vacío de la morada que me habita
cruzas mi desierto en la puerta del presente,
una máquina de sueños crea tu trayecto
y fragmentas la soledad que se evapora.

En el anclaje de la renuncia a la sombra,
ahogas el olvido que devora penitencias
y te concibo en mi agujero indelegable,
donde el blanco se unge con el negro.

Eclipse

En la erección monumental de sus alas
navega la aurora de mi sobria libertad,
desde la espada fecunda de un verso
hacia el eclipse fugaz de nuestro éxtasis.

Nuestras pupilas incineran horizontes,
en el fango se sepultan los confines,
dando paso al escalpelo del tiempo
que potencia el clamor de nuestra gloria.

MISTERIO

Cielo mío, innata voz, augur de embrujo,
azota los látigos del viento y vuela,
que los labios del cielo no me besen,
ni los ojos de la tierra me juzguen.

El misterio fulge en la sombra
y el caudal de mis montañas asciende
hacia el sol que enmarca mis lunas
en el ciclón que se enchispa en tu cima.

Hombre mío, augusta voz, augur que pulsa
en el anhelo impecable que aúlla,
no desciendas, volatiza tus manos
y visualiza al tacto mis plumas de águila.

Revela sobre mi rostro tu propósito,
llévate mis manos a las cuerdas de tu ritmo;
universo de paz, toma el aire y baña mi deseo
para que vierta en ti mi etéreo principio.

DESPERTARES

En esos faros de pliegues transparentes
se tejen las telarañas de los sueños,
en ese agujero silencioso del sueño
que rejuvenece el relieve de la aurora.

Se levanta el sol con sus manos de siglo,
en las alas del verbo vuela una caricia
que silencia el viento y besa sus espacios
con el arrullo de mi voz, tu sístole cautivo.

Te beso en la erecta amapola de tu enlace
y se agitan tus sentidos en mi cáliz,
vive mi ser en el raudal de un espejismo
que extiende el frenesí de mis anhelos.

Con la dicha de soñarte en mi éxtasis
para fundirte en la anoxia de mi sangre
y desfallecer en la faz de tu suspiro
en ese horizonte aural de besos.

Se desatan los reflejos escarlata,
que en el grito de decirte mil «te amo»
son eternos en la interfaz de tu proclama
y más allá de la victoria de mi muerte.

CORAZÓN DE NOCHE

En la salmuera de mi respiro líquido
florea un madrigal en la planicie del beso,
se duplica el néctar en las venas mías
con el concierto de un cielado abrazo.

Mi todito edén que en mi establo habita,
inquieto brinca desde su cercada,
acorta el tiempo con sus pedales diestros
y se adentra en mi soledad de hiedra.

Su corazón de noche oxigena la vida
y mis manos de aire desvisten el abismo;
con lluvia y viento la oscuridad se enciende
y se descubren mis inmaculadas lunas.

Una danza de besos cabalga entre sedas
con el ímpetu que acaricia el sueño,
cautivas mis manos se vuelven un río
y baño el ocaso de su espíritu libre.

En tus sueños

¡Abrígame en el vínculo de tus brazos!
y juega en las aguas de mis albores de otoño
para que puedas beber en la copa de mi cáliz
el vino que destilan mis rosales.

¡Compláceme con el fuego de tu sangre!
y arráncame con tus besos mil suspiros,
que no nos venza la noche en su cobijo
para tenernos uno al otro sin descanso.

¡Desnúdame en el ángulo convexo de los sueños!
y bebe de las aguas que nos ungen sin ahorro,
desata las esclusas de mis naguas bailarinas
y navega. Sí, navega… hasta el fragor de mis abismos.

Amoronitas

En el ombligo de una gota de gloria
florece en su seno un paraíso inmortal,
que en el temblar de dos lenguas sin par
alumbran la sombra del mundo en su faz.

Se crean en la rúbrica de un resplandor
las alas que extienden la estela del sueño;
surcan las arpas en su esfera insoluble
y con su magia acarician la mirada de un río.

Como visionarios del sol riegan su albor,
suspendidos en una lira sin dueño;
con el sudor en rocío bautizan los mares,
un riego que musita la caricia del génesis.

Entregados en un arroyo de flautas,
abrazan su ser entre erupciones totales,
etéreos en la hojarasca del viento,
con exótica flora en un acople de centros.

Hienden la roca en la fertilidad de la estepa,
inclinan con fuerza sus palmeras al beso,
deshojan sus ramas entre aguas de volcán
y alzan la llama en una antorcha de amor.

EN MÍ

Florece la espiral sonriente de este viaje
en el espejo luz de mi camino
al tacto que besa mis mañanas;
un prometido éxtasis en el paraíso de la piel,
irrevocable decisión que abriga.

Te siento en la sonrisa prometida,
tierra de ascensos, todo en mí, en ti, en los dos.

Procreo mis sueños en la angélica fusión
que consume mis desvelos con el alba de tu cirio;
te siento en la hoja de mi juicio,
en la chispa de mi antorcha libertaria;
leño mío, que aflora en la semilla de mi obra.

Te siento en la mirada sostenida,
agua de inmersiones, todo en mí, en ti, en los dos.

Renazco a la realidad que desvirga mis sueños,
que devora los temores con la chispa de tus ojos;
te siento en la punta de mi péndola,
en el rayo de mi beso alcorozado;
acero mío, que traspasa el fruto de mi bosque.

Te siento en la caricia extendida,
fuego de infusiones, todo en mí, en ti, en los dos.

Resucito en el cuerpo que libera mis afanes,
que desintegra las dudas con el brillo de una diosa;
te siento en el inciso de mi código,
en el recinto de mi estrado justiciero;
toga mía, que cubre la fortuna de mi destino.

Te siento en la fragancia bendecida,
aire de efluvios, todo en mí, en ti, en los dos.

Manos

Nuestras manos se hacen principio,
sol de la tierra al desnudar la raíz de la vida
que fluye en el centro del cosmos,
y abonan el amor que se entrega en su pan.

Son manos de viento que se fusionan
al origen de un cuerpo en un vuelo de tactos,
con el hambre para saciar el anhelo
y sumergir la piel en un amanecer eterno.

Son manos de fuego que iluminan la existencia
en la pletórica paz que florece al contacto,
al calor del abrazo que sabe del afecto
y que es el leño de la unión al sentir.

Son manos de agua que calman la avidez
en cada crepúsculo que besa la grandeza,
con la esperanza de beber entre ellas
la confianza de un encuentro de amor.

SENTIDOS

En los abismos que abrigan mis raíces
se erige el vertimiento de la ilusión,
contornos que caminan en silencio
entre las sombras de los sueños.

Empujan hacia ti los sentidos de una oda
en los pliegues habidos de piel,
sedas hambrientas que prodigan tu hogaza,
en un cielo encerado de saliva.

El espacio que confluye en tu firmeza
recibe el amanuense faro de tus pasos,
en gotas de aceite virginal que nos conjuga
y que besa el eclipse en una danza.

Corazonada

En la composición musical del recuerdo
mis falanges rememoran a Bach,
con la avenencia endulzante de un beso
donde solfea mi cuerpo con éxtasis de luz.

Palpita cadencioso mi espíritu de fuego
y se abanica en el vuelo de un vals,
hacia los frescos de un báculo en el crepúsculo
con las acuarelas creadoras del placer.

En las febriles sedas de mi piel
me prometo ante ti como boca a tu vigilia,
resonante en explosión entre ríos de caricias,
como lumbre arcana entre rocas de tizón.

Una liberación que se alza en mi aura
cede la gloria en el infinito de tu voz;
un sol abierto entre océanos de miel,
póstumo recuerdo de una extinta floración.

URGENCIA

Urgencia que abonas mi piel,
eriges la inconclusa oscuridad
y despojas los caminos de sombras,
destellos que me empujan hacia ti.

En el lienzo de las místicas jornadas
florecen unas manos, entregan las tibiezas,
para esta casta sed de ríos secos
entre valles creadores de recuerdo.

Recuerdo

La jornada acompaña el pensamiento
con los ornatos que desposan nuestra piel
en el nevado de un naufragio que me abraza
y nos llevan a sucumbir en su secreto.

Desciendo al fondo de mi océano,
advierto mi ser en los corales del recuerdo,
tan lleno de las sensaciones que deleitan
y que bañan el espíritu de afectos.

¿Por qué me quedo escondida en su misterio,
en esa mágica cabina de lo anónimo
que me habla por la boca del olfato,
que escucha mis suspiros disecados?

¿Por qué añades razones fugitivas a mi instinto?
¿Por qué desvistes mi rostro de ambages?
Que tus ojos te muestren mi crespúsculo
para que mi espíritu con un beso te condecore.

ANTE EL TIEMPO

Mis espacios no conocen de minutos,
mis manos no manipulan el reloj,
sucumbida en la tinta de su boca
se humedecen mis rincones claroscuros.

Voy galante ante el tiempo de su gozo
que redobla el badajo en mi copa,
cual cobre firme en el vino que rebosa
y que embriaga con su péndulo mi cuello.

Vibran mis pechos descubiertos en su acero
a las notas que percuten en el tercio de mis labios,
cristalinos rocíos que danzan en gemidos
hasta la noche en que el cura llama a misa.

Espasmódicos eclipses llevan la mirada al infinito
en un reflejo del cielo en la alborada;
cae la noche y duerme el silencio en su descanso
y amanece nuestra piel en erecta complacencia.

INAGOTABLE

En las sombras de mi hipnosis percibo tus raíces
y líquida mi alma se filtra en tus entrañas;
descuelgo de tus ojos mis íntimas esclusas
y vuelo en la grandeza de un instante inagotable.

Se fusionan las vísceras en sensaciones frenesí
a la caricia de una piel con hambre exiliada,
en sincrónicos caminos tildamos latidos de sequía,
una muerte terminable en mi efímero vacío.

Se funde tu daga que da brillo a nuestros ojos,
en tiempos que se agotan en su último relieve
con el origen letárgico que nace desde antes
y se marcha en la retractación de nuestra sangre.

FRAGMENTOS

Extraño el cursor de mis pupilas
que degustan los fragmentos de mi cuerpo,
ese intermitente suspiro que jadea
entre la lluvia que se escalda en mi pubis.

Siento el adiós en el último regreso
que saborea ausencia en episodios de adioses,
en las miradas con sabor a tinto de verano
por la morada que de aguas nos desviste.

Mis ojos se resisten al templo del olvido,
que desnuda ante mis pasos los segundos
entre avenidas y calles que escribieron
los secretos entre las piedras de aquel pueblo.

Sobre la autora

Laura María Gil Ochoa. Abogada y poeta, domiciliada en Barbosa, Antioquía. Juez de la República de Colombia. Fundadora del Colectivo Literario «Desertores». Integrante del Taller de Escritores «Letra Silente». Coordinadora del Parlamento Internacional de Escritores de Cartagena de Indias. Integrante del Gremio Poético Colombiano. Condecorada con el premio José Ignacio de Márquez. Mérito Judicial Categoría Plata, como la mejor juez de la jurisdicción ordinaria, otorgado por la Rama Judicial de Colombia, diciembre de 2022.

Premios: Primer puesto en Cuarto y Séptimo Concurso de Poesía Inédita en Derechos Humanos, 2008 y 2011. Primer puesto en el II Concurso Municipal de Poetas Barboseños, 2015. Publicación red Relata, Ministerio de Cultura 2020. Publicación Antología Haceb 2020. Premio internacional XI Concurso de Poesía «Natalicio de Ermelinda Díaz», Quilpué, Chile, 2021. Segundo puesto Concurso a la Antioqueñidad, otorgado por la Corporación Antioquia Tropical Club, 2023. Premio Gestora Social Colombia, Orden al Mérito Heroínas de la Libertad, «Estefanía Parra». Mejor Gestora Social en la Categoría Cultura, entregado por la Corporación Cultural y Musical ALPAC en el VI Encuentro Nacional Mujeres del Bicentenario, mayo de 2023, Paz de Ariporo, Casanare.

Publicaciones: *Canto Visceral*, 2020; *Voces de Hojarasca*, 2022; *Voces Líquidas-Antología* 2023. *Cultura Política de la Legalidad, una brújula hacia la construcción de la paz*, 2023.

www.ingramcontent.com/pod-product-compliance
Lightning Source LLC
LaVergne TN
LVHW091206150826
845672LV00005B/1256